Martina Meuth
Bernd Neuner-Duttenhofer

Kochen mit Leidenschaft!

Das Begleitbuch
zur WDR Servicezeit:
Essen & Trinken

Redaktion der Sendung: Rainer Nohn

vgs EGMONT

Bibliografische Information Der Deutschen Bibliothek
Die Deutsche Bibliothek verzeichnet diese Publikation in der Deutschen Nationalbibliografie; detaillierte bibliografische Daten sind im Internet über http://dnb.ddb.de abrufbar.

Redaktion: Michael Büsgen, Petra Flocke, Susanne George
Lektorat: Jutta Wallrafen
Umschlaggestaltung und Layout: Metzgerei Strzelecki, Köln
Bildnachweis:
Umschlagfoto vorne: Luca Siermann
Umschlagfotos hinten: Martina Meuth
Videograbs: Imhoff Realisation, hergestellt von 24/25 Timeline Unit Gbr
Abbildungen: S. 12-13, 28-29, 40-41, 54-55, 64-65, 78-79, 90-91, 102-103, 114-115, 124-125, 142-143, 156-157, 174-175, 190-191, 198-199: Martina Meuth
Satz: Achim Münster, Köln
Produktion: Susanne Beeh
Printed in Germany
ISBN 3-8025-3524-3
Ab 01.01.2007:
ISBN 978-3-8025-3524-6

www.vgs.de

Inhalt

Vorwort 8

Vorbemerkung 10

Sauerkraut
- Das Grundrezept 17
- Paprikafleisch mit Sauerkraut 18
- Fleischknödel mit Kraut 20
- Salz ist nicht gleich: Salz 22
- Reispapierpäckchen mit Sauerkraut und Blut- & Leberwurst 24
- Sauerkrautcremesuppe mit Heilbutt 26

Spezialitäten aus dem Elsass
- Kaninchen in Rieslingrahm 30
- Spinatstriewla 32
- Schneckentöpfchen mit Ei 34
- Flambierter Munsterkäse 35
- Zitronencreme 36
- Sahne, Rahm, Crème Fraîche 38

Schmorbraten – Zartes Fleisch und kraftvolle Sauce
- Farsu Magru 46
- Rinderschmorbraten 48
- Lammschmorbraten 50
- Schinkenschmorbraten mit Ananasduft 52

Ostern – Kleine Kuchen zum Kaffee Schnell, süß, unwiderstehlich
- Mohnkrapfen 58
- Brioche & Hefezopf 59
- Zitronentörtchen 61
- Schokotörtchen 63

Rauke = Rucola – Vom Unkraut zum Küchenstar
- Butterbrot mit Rauke 69
- Spaghetti mit Rauke 69
- Rucolabutter 70
- Grünes Kartoffelpüree 71
- Gourmetsalat mit Roastbeef 72
- Gourmetsalat mit Speck, pochiertem Ei und Knoblauchcroutons 73
- Gourmetsalat mit Mozzarella 75

	Fritelle mit Rucola	76
	Tortilla mit Kartoffeln und Rucola	77
Süße Früchtchen – Erdbeeren, Konfekt, Desserts & Konfitüre	Marinierte Erdbeeren (Grundrezept)	82
	Joghurteis mit Erdbeer-Mango-Salat	83
	Erdbeersahne	84
	Erdbeerschnitten	85
	Ohne Zucker geht nichts	86
	Erdbeerkonfitüre mit Rosmarinduft	88
	Erdbeerknödel	88
Das Sommergemüse: Erbsen Ein butterzarter Hochgenuss!	Feines Erbsencremesüppchen	94
	Knabbertipp: Gebackene Curry-Erbsen	95
	Erbsenkrapfen	95
	Maccaroni-Auflauf mit Erbsen & Schinken	96
	Die Seele guter Küche: Butter & Butterschmalz	98
	Kaiserschoten aus dem Wok	100
Majoran, Kerbel und Estragon – Ein Lob den deutschen Küchenkräutern!	Steirisches Majoranschöpsernes	108
	Leberknödel	110
	Kerbelsuppe	111
	Kerbeltomaten	112
	Sauce Béarnaise	112
	Kabeljau mit Estragon	113
Basilikum – Der große Geschmack von Sommer, Sonne, Süden …	Spaghetti mit duftender Sauce	119
	Provenzalische Basilikumsauce (Sauce au pistou)	120
	Hausgemachte Pommes frites	121
	Sommerliche Gemüsesuppe (Minestrone)	122
	Basilikumeiscreme	123
Gurken und Zucchini – Geliebte Saure-Gurken-Zeit	Salzgurken	130
	Gewürzgurken einmachen	132
	Essig- oder Gewürzgurken (Cornichons)	132
	Senfgurken	134
	Zucchini-Pasta	134
	Zucchiniküchlein mit Frühlingszwiebel-Dip	136
	Gurkencreme mit Matjes und Pellkartoffeln	137
	Österreichischer Kartoffelsalat	138
	Gurkengemüse	139
	Gefüllte Zucchiniblüten	140
	Zucchinigemüse	141
Waldpilze – Sammlerglück und Genießerfreuden	Gedünstete Pilze (Grundrezept)	146
	Pfannkuchen	147
	Eier und Pilze – Ein ideales Paar	148

Pfifferlingsuppe mit verlorenem Ei 150
Steinpilz-Salat 151
Steinpilze en cocotte 152
Reizker mit Kartoffeln 153
Herbsttrompeten in Rahmsauce 154
Rührei mit Pilzen 155
Pilzpaste 155

Ein italienisches Menü – Die leichteste, frischeste, fröhlichste Küche der Welt!

Das Brot 162
Der Käse 164
Der Wein 166
Antipasti: Finocchio con scamorza (Gesottener Fenchel mit geschmolzenem Scamorza-Käse) 168
Fagiolini con pomodori, acciughe e raveggiolo (Grüne Bohnen mit Tomatenwürfeln, Anchovis und Frischkäse) 169
Melone con prosciutto (Melone mit Schinken) 169
Primo: Pasta con sugo di salsiccia (Pasta mit herzhafter Bratwurstsauce) 170
Secondo: Petto di pollo ripieno sul letto di lenticchie (Gefüllte Hühnerbrust auf Linsen) 171
Dessert: Torta di mele (Gedeckte Apfeltarte) 172

Kochen mit dem Wok – Das vielseitigste Küchengerät der Welt

Grundrezept Reis 182
Fried Rice (bunter gebratener Reis) 182
Hähnchenbrust mit Zucchini 184
Zürcher Geschnetzeltes mit Champignons 185
Gedämpfte Hackfleischbällchen 186
Frühlingsrollen 187
Frühlingszwiebel-Sojasaucen-Dip 188
Kokoseis mit Honigäpfeln 189

Backen zum Advent – Süßes für den bunten Teller

Berliner Brot 192
Tante Klaras Mandeltaler 194
Moritz' Nusshäufchen 195
Martinas Vanillekipferl 196
Thaiduftende Pfeffermakronen 197

Unser Festmenü – Vier Gänge, die Lust, viel Eindruck und erfreulich wenig Mühe machen

Gebackene Fischstreifen auf buntem Salat 201
Selleriecremesuppe 202
Glasierter Schweinebraten 204
Geliertes Apfelkompott 206

Register 208

Vorwort

Sie halten ein neues Buch des erfolgreichen Kochduos Martina und Moritz in Händen. Vielleicht haben Sie es ja geschenkt bekommen von jemandem, der wusste, dass er Ihnen damit eine große Freude macht. Oder aber Sie haben es sich selbst gekauft, weil Sie die Kochkunst der beiden schon seit längerem schätzen und sicher sein können, dass Ihnen die Gerichte des bewährten Duos auch (fast immer) gelingen.

»Einfach, aber genial« hätte der Titel dieses Kochbuches auch lauten können. Denn aus zumeist nur wenigen Zutaten und ohne große Mühe bereiten Martina und Moritz raffinierte kulinarische Highlights zu. Aus simplen Basisprodukten wie Sauerkraut, Rindfleisch, Reis, Gurken oder Zucchini entstehen überraschende Gerichte und Speisen in allen möglichen Variationen, die einem schon bei der Lektüre der Rezepte das Wasser im Munde zusammenlaufen lassen. Wie wir wissen, ist ihre inzwischen alles andere als kleine Fangemeinde immer wieder erstaunt, welche Fülle von Ideen die beiden Kochprofis ihren Zuschauern und Lesern präsentieren.

Jedes Mal gehen Martina und Moritz mit Elan und Experimentierfreude ans Werk, lassen sich von ihren Kenntnissen und langjährigen Erfahrungen inspirieren, probieren aus, kombinieren Zutaten, lassen etwas weg oder fügen etwas zu, bis sie mit ihrem neuen Rezept rundum zufrieden sind. Das kann auf Dauer nur gelingen, wenn man mit Lust und Liebe bei der Sache ist. Seit nun schon fast zwanzig Jahren kochen die beiden gemeinsam im Fernsehen und veröffentlichen Kochbücher – und zwar mit großer Leidenschaft. »Passion« sagt der Franzose dazu – daher stammt übrigens auch unser deutsches Wort »Leidenschaft« als Lehnübersetzung aus dem 17. Jahrhundert. Für Martina und Moritz ist Kochen mit Begeisterung und Freude verbunden, und das wollen sie auch ihren Zuschauern und Lesern vermitteln. In unseren Fernsehsendungen gelingt ihnen das offensichtlich immer wieder, denn die Zuschauer halten ihnen nicht nur die Treue, sondern deren Schar wird auch stetig größer.
Aber der Spaß am Kochen artet bei ihnen nicht in eine Unterhaltungsshow aus. Das überlassen sie lieber anderen. Das Nachmachen anhand von plausiblen Rezepten und nachvollziehbaren Arbeitsvorgängen in der Küche steht bei unseren Köchen ganz oben an. Der WDR hat ihre Kochsendung deshalb in die Reihe »Servicezeit« integriert, weil er zu Recht meint, dass es sich um eine Service- und Ratgebersendung handelt.

Als langjähriger Redakteur der Sendereihe mache ich mir natürlich mit meinen Mitarbeitern immer wieder Gedanken darüber, welche Kenntnisse wir unseren Zuschauern vermitteln können und auf welche Weise wir dies am besten tun sollten: beim Einkauf von Lebensmitteln, bei ihrer Verarbeitung, bei der schmackhaften und gesunden Zubereitung. Ich bin sicher, dass wir schon einiges im Hinblick auf das Ernährungsbewusstsein unserer Fernsehgemeinde erreicht haben. Wenn Sie dazu gehören, möchte ich die Gelegenheit nutzen und mich an dieser Stelle für Ihr Interesse bedanken.

Gerne nehmen wir in der Redaktion Ihre Erfahrungen und Anregungen entgegen. Schreiben oder mailen Sie uns einfach:
WDR Köln, Servicezeit: Essen & Trinken, 50600 Köln;
E-Mail: EssenUndTrinken@wdr.de.

Sie können sich übrigens auch in unserem Küchenforum im Internet mit anderen Zuschauern austauschen. Vielleicht ist Ihnen auf Anhieb etwas nicht so gut gelungen und Sie möchten andere um Rat fragen. Oder Sie haben eine neue Variante eines Rezeptes entdeckt und möchten diese den Hobbyköchen vorstellen. Nur Mut bei dieser Art von Informationsaustausch auf elektronischem Weg – er ist ebenso inspirierend wie hilfreich und unterhaltsam!

Nun liegen Ihnen mit diesem Buch die gesammelten Rezepte der Sendereihe aus dem Jahr 2005 vor. Zudem finden Sie darin viele wertvolle Tipps der Kochprofis, Wissenwertes über Nahrungsmittel und Zubereitungsmethoden sowie zahlreiche Bilder, die das Nachkochen erleichtern. Gewiss werden Sie viele Anregungen für Ihre eigene Küche bekommen und mit so manchem Gericht von Martina und Moritz Ihr kulinarisches Repertoire bereichern.
Jedenfalls wünsche ich Ihnen viel Erfolg und gutes Gelingen – und natürlich Leidenschaft, denn die sollte beim Kochen und Essen nie fehlen ...

Rainer Nohn
Redakteur Servicezeit: Essen & Trinken

Kochen mit Leidenschaft!

»Früher«, schreibt uns Bettina S. aus B., »habe ich dem Essen keine große Beachtung geschenkt. Meine Bratkartoffeln waren immer pappig, aber das war mir egal. Pizza und Fischstäbchen kamen aus der Tiefkühltruhe, die Königsberger Klopse aus der Dose. Dann habe ich Ihre Sendung entdeckt und gemerkt, dass ich eine völlig falsche Vorstellung vom Kochen hatte. Ich dachte immer, das sei blöde Arbeit, die man halt erledigen muss. Erst durch Sie habe ich erfahren, dass Kochen Spaß machen kann! Inzwischen bin ich eine leidenschaftliche Köchin geworden ...«

Solche und ähnliche Briefe bekommen wir häufig. Es freut uns natürlich, wenn unsere Zuschauer uns folgen, sich unsere Leidenschaft für eine gute, ehrliche, durchaus nicht komplizierte, auf erstklassigen Zutaten beruhende Küche via Fernsehen auf andere Menschen überträgt. Denn unsere Leidenschaft will sich mitteilen, nicht im Verborgenen lodern! Mag Martinas Temperament manchmal überkochen, Moritz' Warenkunde zur Belehrung werden – zusammen versuchen wir aber doch stets, unsere Freude und Passion am guten und richtigen Kochen, am lustvollen Genießen und gleichzeitig sinnlichen wie kritischen Bewerten der Gerichte mitzuteilen.
Mit Leidenschaft setzen wir uns ein für die kritische Beschäftigung mit der Qualität der Zutaten, der Zusammenstellung der Aromen, den Garmethoden und Garzeiten, den chemischen Reaktionen und physikalischen Prozessen beim Zubereiten der Speisen, den Auswirkungen des Essens auf die Gesundheit. Mit Leidenschaft (aber auch Neugier und Geduld!) haben wir in vielen Jahren unsere sensorische Erfahrung aufgebaut, unser Wissen und Können erworben.

Leidenschaft ist hier sinnlich und überbordend, dort kritisch und zurückhaltend. Man kann Speisen mit großzügiger Hand würzen oder höchst sensibel abschmecken. Das edle Gericht wird man zart und stilvoll auf feinem Porzellan anrichten, den bäuerlichen Eintopf rustikal im derben Tongeschirr. Man sollte wissen, wann was passt: Geschmack ist ja nicht nur das, was die Zunge schmeckt, sondern auch das, was das Auge sieht und was das erlernte Stilempfinden würdigt. Geschmack in jeder Form bedeutet Bildung – und die will erworben sein: Am besten und effektivsten, sowohl lustvoll als auch anhaltend, geht das mit Leidenschaft. Mit optimistischer, gelassener, glücklich machender Leidenschaft!

Leidenschaft ist nichts Oberflächliches, sondern geht tief. Man kann sich von ihr nicht erfassen lassen, man wird von ihr mitgerissen – einer Passion kann man sich nicht entziehen! Dabei kann und sollte man sich zwar bemühen, leicht und spielerisch mit ihr umzugehen – denn das kommt dem fröhlichen Genießen entgegen! –, aber man wird sich aus ihrem festen Griff nicht befreien können. Das ist nicht etwa als Niederlage zu begreifen, sondern als Chance, eine bessere Lebensqualität zu erreichen! Die Fähigkeit, all das Gute zu genießen, das uns die Welt bietet, kann glücklich machen. In diesem Sinne können wir also unser Glück durchaus mitgestalten – und, richtig eingesetzt, auch unsere Gesundheit positiv beeinflussen.

Wer leidenschaftlich gern kocht und isst, muss Wissen erwerben, um die Zusammenhänge zwischen Qualität, Geschmack und Inhaltsstoffen besser zu verstehen. Er wird nicht einfach alles Mögliche in sich hineinstopfen, sondern diätetisch bewusst komponieren und genießen. Man kann eine Tiefkühlpizza oder Fischstäbchen nicht mit Leidenschaft aufbacken oder ein Dosengulasch mit Passion aufwärmen!

Kochen mit Leidenschaft ist mehr, als nur irgendetwas zu essen auf den Tisch zu stellen, damit man satt wird. Es ist die Beschäftigung mit Geist und Materie, benötigt Bewusstheit und Wissen, verlangt Können und Kreativität. All das fällt nicht vom Himmel, man muss es sich vielmehr aneignen – Gott sei Dank passiert das weniger durch schulischen Eifer, sondern durch Freude am Leben und Genießen! Die Schule des Geschmacks ist sicher eine der angenehmsten, die wir in unserem Leben durchlaufen können!

Sich die passenden Beilagen zu einem Lieblingsessen auszudenken, vielleicht ein Menü aufzubauen, den Wein auszuwählen, der schließlich zur Gesamtheit des Gerichts (und in das Menü) passen muss – das nimmt man nicht mit feuriger, sondern überlegter Leidenschaft vor. Wobei sich gleich nach den Gedanken die Sinne melden: etwa wenn sofort der Mund wässrig wird bei einem nur angedachten Leibgericht. Oder wenn der Appetit sich unvermittelt meldet bei der Vorstellung eines ganz bestimmten Desserts, und wenn die Geschmackspapillen vibrieren, wenn man sich den Wein zu einer Vorspeise überlegt, die aus verschiedenen Komponenten besteht. Wer seinen Geschmack auch nur ein wenig ausgebildet hat, den beginnt sofort die Leidenschaft zu packen – bei uns jedenfalls ist es so. Umso glücklicher sind wir, wenn es uns gelingt, den Funken dieser Leidenschaft überspringen zu lassen!

Martina Meuth und Bernd Neuner-Duttenhofer

Sauerkraut

Sauerkraut

Wie es entsteht, wo man es lagert und was man damit alles machen kann

Sauerkraut entsteht, indem man geschnittenes Weißkraut einsalzt und einige Zeit stehen lässt. Es entwickelt sich dabei langsam eine Gärung, die den im Kohl enthaltenen Zucker in Milchsäure umwandelt; man spricht deshalb von der so genannten Milchsäuregärung. Durch diesen Gärprozess wird die Faserstruktur aufgeschlossen, der Kohl besser verdaulich und eben auch haltbar. Die Milchsäure sorgt außerdem für Bekömmlichkeit, denn sie kann gleichzeitig verzehrtes Fett und vor allem Eiweiß aufschließen und verträglich machen. Genau deshalb ist es auch diätetisch absolut richtig, wenn man zu fetten Würsten und der gehaltvollen Schlachtplatte einen Berg Sauerkraut verzehrt. Ebenso erklecklich ist der Vitamingehalt von Sauerkraut, vor allem Vitamin C ist im rohen Kraut in Mengen vorhanden. Deshalb ist es sinnvoll, Sauerkraut möglichst oft roh zu verspeisen, als Salat zum Beispiel, und es ist ernährungsphysio-

logisch immer ratsam, dem gekochten Kraut am Ende eine Hand voll rohes Kraut unterzumischen. Das rohe Sauerkraut liefert dem Körper neben Vitaminen und Mineralstoffen auch eine Menge Ballaststoffe, die die Verdauung fördern und den Darm ausputzen. Das Erfreulichste aber ist natürlich: Es schmeckt so gut!
Damit tatsächlich noch alle Wirkstoffe enthalten sind, sollte man Sauerkraut am besten lose kaufen, beim Metzger oder auch im Reformhaus. Dort wird das Kraut meist frisch aus dem großen Eimer angeboten, und dann stammt es direkt aus dem Gärbottich und wurde nicht noch zusätzlich durch Pasteurisieren haltbar gemacht. Bei Dosenware hingegen ist das natürlich immer der Fall, und dies zerstört notwendigerweise einen Teil der wertvollen Inhaltsstoffe.

Sauerkraut – ein vielseitiges Gemüse

Klassisch ist die Verbindung mit Zwiebeln und Äpfeln – ein idealer Dreiklang, den man abändern kann, indem man immer wieder ein anderes Fett verwendet: Es ist Geschmackssache, ob man das traditionelle Schweineschmalz oder das elsässisch-österreichische Gänse- oder Hühnerfett verwendet, ob Butter für den feineren Geschmack oder Olivenöl mit seinem mediterranen Anklang. Sogar das chinesische geröstete Sesamöl passt zum Sauerkraut, vor allem, wenn man anschließend mit Ingwer, Knoblauch und Chili für weitere fernöstliche Aromen sorgt.

Ob man das Sauerkraut wässert, um die Säure etwas zu neutralisieren, hängt von der Art der Herstellung und vom eigenen Geschmack ab. Heutzutage ist vor allem bei uns in Deutschland das Kraut eher zu mild als zu sauer – und hat daher einen leicht faden, manchmal fast faulige Noten streifenden Stich. Wenn man es dann auch noch wässert, schwemmt man allen Geschmack heraus, und das Kraut wird langweilig. Elsässer Kraut hingegen ist meist erheblich salziger und saurer – und schmeckt damit viel klarer, kerniger, reiner und frischer! Wenn also in einem Rezept aus unserem Nachbarland verlangt wird, man solle das Kraut wässern oder unter kaltem Wasser waschen, so ist unbedingt vorher bei der eigenen Ware zu überprüfen, ob dies tatsächlich nötig ist. Bei nahezu jedem Grundrezept wird das Kraut dann im gewünschten Fett angedünstet, bis es rundum erwärmt und vom geschmacksgebenden Fett durchdrungen ist. Dabei kann man Zwiebeln (bzw. Äpfel, Knoblauch, eventuell Kümmel etc.) zufügen, bevor mit Flüssigkeit – Wein, eine mehr oder weniger kräftige Brühe oder auch nur Wasser – aufgefüllt wird. Auch Saft kann verwendet werden, zum Beispiel Apfelsaft, aber Orangensaft oder Molke (verstärkt das Milchsäurearoma) passen ebenso.

Die drei wichtigsten Regeln rund ums Sauerkraut:

1. Das Kraut stets fast bedecken, dann bleibt es schön hell – vor allem, wenn man eine säurehaltige Flüssigkeit nimmt (also Wasser mit Wein oder Zitronensaft). Kraut, das aus der Flüssigkeit herausschaut, oxydiert schnell und färbt sich dunkel; das sieht dann nicht mehr so appetitlich aus und beeintächtigt den frischen Geschmack.

2. **Die Gewürze:** Mit immer wieder anderen Gewürzen kann man dem Kraut jedes Mal einen neuen Duft geben. Zum Beispiel:
   Kümmel – möglichst zusammen mit den Zwiebeln kurz andünsten. Wer nicht so gern auf die Samen beißt, hackt sie mit einem großen Messer klein.
   Chili – eine getrocknete Schote oder eine frische Schote zerdrückt mitkochen, frische Schoten auch feingehackt unterrühren. Wer zuviel Schärfe scheut, entfernt vorher die Kerne.
   Piment und Wacholder – die Beeren ganz oder zerdrückt mitkochen. Wenn man sie nicht mitessen will: Im Tee-Ei lassen sie sich anschließend wieder leicht herausfischen.
   Senfsaat – am besten kurz mit den Zwiebeln mitrösten, so geben die kleinen Körnchen ihren Geschmack besser ab.
   Majoran – getrocknet ins Kraut gerührt, ergibt es den besten Effekt. Frisch darf man ihn erst zum Schluss zufügen.

TIPP

Ein Händchen voll rohes Kraut zu Beginn beiseite legen, damit man es am Ende roh unter das fertige Kraut mischen kann.

3. Fleisch kann man grundsätzlich mitkochen, kräftig gewürzte Würste jedoch lieber separat erhitzen, weil sie sonst dem Kraut ein zu starkes Aroma verleihen. Im Elsass zieht man es vor, Fleisch bzw. Fisch und Kraut getrennt zu garen – mit Recht, wie wir finden. Denn so kann das Fleisch seinen reinen Geschmack bewahren, ohne säuerlich zu werden, und das Kraut behält sein unverfälschtes Aroma, während es zugleich vielseitiger verwendbar ist. Zudem treffen Fleisch und Kraut sich erst auf dem Teller und können sich dort geschmacklich befruchten.

Das Grundrezept:

Zwiebel und Knoblauch fein würfeln, im Fett andünsten, Kümmel mitschmurgeln, bevor das zerpflückte Kraut hinzukommt. Das Kraut im Fett drehen und wenden, erst dann mit Flüssigkeit bedecken. Die Gewürze im Mullsäckchen oder Tee-Ei einlegen. Etwa 20 bis 30 Minuten leise köcheln, bis das Kraut angenehm weich ist.

ZUTATEN

Für vier bis sechs Personen:

1 Zwiebel
evtl. 1-2 Knoblauchzehen
2 EL Schmalz, Öl oder ein anderes aromatisches Fett (Speck, Fett vom gekochten Schinken, Gänseschmalz etc.)
1 gestrichener TL Kümmel (nach Belieben)
800-1000 g Sauerkraut
ca. ½ l Wein, Brühe oder Saft
2 Lorbeerblätter
5 Wacholderbeeren
½ TL Pfefferkörner
evtl. 1 kleine Chilischote

Paprikafleisch mit Sauerkraut

Angelehnt an das klassische Szegediner Gulasch, das ja – mit reichlich Schweineschmalz und mit fettem Schweinebauch gekocht – ziemlich deftig ist. Wir lieben dieses Gericht, seine Säure, den Paprikaduft und den Geschmack von saftigem Schweinefleisch. Aber wir haben es ein wenig entfettet und bekömmlicher und leichter gemacht.

ZUTATEN

Für vier bis sechs Personen:

1 Zwiebel
2-3 EL Olivenöl
2-3 Knoblauchzehen
1 EL Kümmel
800 g Schweinefleisch (Nacken oder aus der Unterschale – ein gut durchwachsenes Stück nehmen)
Salz, Pfeffer
2 EL Delikatesspaprika (mild)
½ TL Rosenpaprika (scharf)
1 kg frisches Sauerkraut
ca. ½ l Weißwein
1 TL Pimentkörner
½ TL Wacholderbeeren
1 TL Senfsaat
2 Lorbeerblätter
1 Stück Zitronenschale
1 Bund Schnittlauch

Außerdem:
200 g saure Sahne (10 % Fettgehalt)
1 gehäufter EL Delikatesspaprika
⅛ l Olivenöl

1 Zwiebel fein würfeln, im heißen Öl andünsten, den Knoblauch zerdrücken und zufügen, den gehackten Kümmel mitrösten. Schließlich das Fleisch in Würfel von etwa zwei Zentimeter Kantenlänge schneiden und in den Topf geben. Salzen und pfeffern, dann mit Paprika bestäuben. Den Topf dafür vom Feuer ziehen, wenn er zu heiß zu werden droht. Der Paprika soll nicht stark rösten, er wird sonst bitter. Die Fleischwürfel darin gründlich wenden. Erst wenn sie überall rot vom Paprikapulver leuchten, das Sauerkraut dazwischenbetten und die Gewürze zufügen – in einem Tee-Ei verströmen sie ihr Aroma, aber lassen sich anschließend leicht herausfischen und entfernen. Es ist schließlich nicht jedermanns Sache, ständig auf Gewürzkörner zu beißen.

2 Mit Wein ablöschen und zugedeckt leise etwa eine Stunde köcheln, bis sich die Aromen vermischt und gegenseitig durchdrun-

gen haben – dann sind auch Fleisch und Kraut weich. Zwischendurch immer wieder überprüfen und eventuell mit einem Schuss Wasser auffüllen, damit das Kraut stets bedeckt ist.

3 Zum Servieren viel Schnittlauch und etwas saure Sahne (10 %ig) unterrühren. In einer Terrine zu Tisch bringen. Zusätzlich saure Sahne extra auf den Tisch stellen, von der man sich nach Belieben nimmt. Außerdem Paprikaöl in einem Schälchen bereitstellen: dafür das Paprikapulver in einer kleinen Pfanne im Öl kurz erhitzen und ziehen lassen. Bevor man davon nimmt, immer gut aufrühren, denn das Pulver löst sich nicht auf, sondern setzt sich am Boden ab.

BEILAGE

Dazu schmecken gekochte Kartoffeln, die man sich im tiefen Teller zerdrückt, bevor ein Schöpfer voll Paprikafleisch mit Sauerkraut aufgefüllt wird.

GETRÄNK

Natürlich passt ein Pils. Gut auch ein säurebetonter Riesling, der jedoch kraftvoll genug sein muss, um dem Sauerkraut Paroli bieten zu können. Einer aus Franken oder Rheinhessen bietet sich an. Wir haben einen knackigen Moselwein dazu getrunken.

ZUTATEN

Für vier bis sechs Personen:

2 Zwiebeln
3-4 Knoblauchzehen
4 EL Öl
Gänse- oder Hühnerfett
1 säuerlicher Apfel
1 kg Sauerkraut
½ TL Kümmel
nach Gusto auch jeweils
3-4 Wacholder-, Piment- und Pfefferbeeren
2 Lorbeerblätter
1 kleines Thymiansträußchen
ca. ½ l Weißwein bzw. Wasser oder Brühe
500 g Hackfleisch
500 g gekochte Kartoffeln, am besten vom Vortag
1 Ei
Salz, Pfeffer
Majoran oder Petersilie
1 EL Senf

Kartoffelpüree:

1 kg Kartoffeln
Salz
ca. ¼ l Milch
2 EL Butter
Salz, Pfeffer
Muskatnuss

Fleischknödel mit Kraut

Hier liegen die Knödel nicht nur im Kraut, es steckt auch in ihnen drin. Ein schönes, winterliches Essen, das einfach köstlich schmeckt – also das Zeug zum Leibgericht hat.

1 Zwiebeln und Knoblauch fein würfeln und im Öl weich dünsten, nur hauchzart bräunen. Die Hälfte davon herausheben und auf einem Teller für den Hackfleischteig beiseite stellen.

2 Den Apfel schälen, vierteln, vom Kerngehäuse befreien, in Scheibchen hobeln und kurz mit den Zwiebeln dünsten, ebenso den Kümmel. Das Kraut zerzupfen und zufügen, die Gewürze in einem Mullsäckchen oder in einem Tee-Ei hineinlegen, den Thymianstrauß und die Lorbeerblätter in das Kraut betten. Mit Wein angießen und das Kraut zugedeckt leise eine halbe Stunden köcheln.

3 Aus Hackfleisch, den geriebenen Kartoffeln, dem Ei, den beiseite gestellten gedünsteten Zwiebeln sowie den Gewürzen einen herzhaften Hackfleischteig herstellen.

4 Eine kleine Portion davon auf der Handfläche (vorher anfeuchten!) flach drücken, jeweils einen Löffel Sauerkraut darauf legen, das Fleisch darüber zusammendrücken und kugelrunde Knödel, etwa von

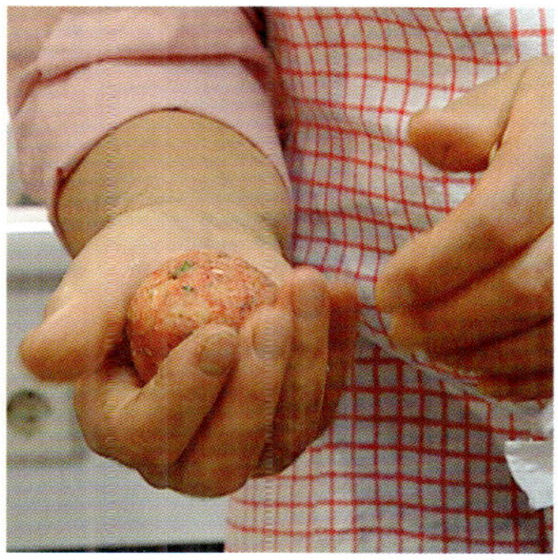

der Größe eines Tennisballs, daraus formen. Zuvor die Hände am besten mit Wein anfeuchten, denn dann bekommen die Knödel eine schöne glatte Oberfläche und die Hände bleiben sauber.

5 Diese Knödel in Salzwasser etwa 15 Minuten leise ziehen lassen, bis sie oben schwimmen. Auf einem Bett von Sauerkraut servieren.

BEILAGE

Dazu gibt's Kartoffelpüree, das im Handumdrehen gemacht ist: Geschälte Kartoffeln in Salzwasser gar kochen, abgießen, durch die Presse in den Topf pressen, Milch angießen und mit einem Schneebesen aufschlagen, würzen und abschmecken. Geht ruckzuck und schmeckt traumhaft gut!

GETRÄNK

Wir bleiben beim Riesling – diesmal gibt es aber eine trockene Auslese von der Mosel.

Salz ist nicht gleich: Salz

Um die Milchsäuregärung des Sauerkrauts überhaupt in Gang zu setzen, braucht man Salz – allerdings in einer so geringen Menge, dass es auch für all jene, die mit Natrium sparsam umgehen müssen, unproblematisch sein sollte.
Salz ist nämlich durchaus nicht das Teufelszeug, als das man es immer wieder hinstellt. Salz ist vielmehr lebensnotwendig. Aber natürlich sollte man damit bewusst und sorgsam umgehen. Zu viel hilft eben nicht viel, sondern ist im Gegenteil schädlich. Zu wenig ist im Übrigen genauso schlimm, sei es im Leben oder in der Küche. Oft sind es nämlich einfach ein paar Körnchen Salz, die fehlen, wenn eine Speise fad und geschmacklos ist.

Was wir üblicherweise Haushaltssalz nennen und alltäglich verwenden, ist **Steinsalz.** Es stammt aus unterirdischen Salzstöcken, wo es vor Abertausenden von Jahren abgelagert wurde. Es wird gereinigt, zerkleinert und rieselfähig gemacht und bei uns oft obendrein mit Jod versetzt. Jod kommt in unserer Nahrung nämlich nicht in ausreichendem Maße vor, weshalb die Schilddrüse Mangel leidet.

Statt des absolut neutralen Steinsalzes kann man ebenso gut **Meersalz** verwenden, das von Natur aus einen höheren Jodgehalt hat und außerdem noch eine Vielzahl anderer Mineralien und Geschmacksstoffe enthält, die es interessant machen. Eine noch größere Menge solcher Stoffe findet sich übrigens im ungereinigten Meersalz, das meist in groben Kristallen angeboten wird. Deshalb sieht es oft grau aus und wirkt etwas feucht. Für die immer beliebter gewordenen Salzmühlen ist jedoch das gereinigte grobe Meersalz besser geeignet.

Das feinste Salz ist das **„Fleur de Sel“**, die so genannte Salzblüte. Das sind jene schaumartigen Krümel, die sich in den Salzgärten an der Oberfläche sammeln, als Zeichen, dass die Salzlösung gesättigt ist und bald geerntet werden kann. Dieses Salz ist kostbar und teuer und wird oft sogar unter dem persönlichen Namen des Salzgärtners angeboten. Es ist nicht nur einfach salzig, sondern schmeckt tatsächlich nach mehr und birgt den ganzen komplexen Duft des Meeres in sich. Tatsächlich bieten die verschiedenen „Fleurs de Sel“ auch unterschiedliche Parfums, je nachdem, wo sie

geerntet wurden – ob in der Camargue, bei Trapani auf Sizilien oder an der Küste vor Portugal ... Gleiches gilt für das **Maldon-Salz** aus England, das allerdings nicht auf natürlichem Weg entsteht, sondern beim Salzsieden vom Meerwasser abgeschöpft wird. Dieses flockige Salz hat seinen Reiz nicht nur im würzigen Geschmack, sondern auch in der Tatsache, dass es sich nur allmählich auflöst und erst nach und nach sein Aroma und seine Würzkraft freigibt.

Der letzte Schrei unter den Salzen ist das **Himalaya-Salz,** das aus tiefsten Tiefen unter diesem Gebirgsstock gewonnen wird, was die Sache ziemlich teuer macht. Auch dieses Salz spendet neben der typischen Würzkraft zusätzliche Aromen. Es wirkt milder als die anderen Salze, man könnte fast sagen „süß".

All diese Spezialsalze nimmt man natürlich nicht zum Salzen von Spaghettikochwasser oder Ähnlichem, sondern verwendet sie zum zusätzlichen Würzen – auf dem gebratenen Steak beispielsweise, auf Tomaten, im Salat von frisch gekochten Kartoffeln oder auf einem zarten Stück Fischfilet. Überall dort also, wo man das besondere Salz schmecken möchte und wo es seinen besonderen Charakter auch tatsächlich beweisen kann.

ZUTATEN

Für vier bis sechs Personen:

8-12 Blätter Reispapier (ca. 20 cm Durchmesser)
½ Portion gedünstetes Sauerkraut (siehe Grundrezept Seite 17)
je 150 g Blut- und Leberwurst
Majoran
2-3 EL Olivenöl oder Butterschmalz zum Braten

Sauerkrautsalat:

300 g frisches Sauerkraut
1 Zwiebel oder Schalotte
1 kleine Knoblauchzehe
je 2 EL Orangen- und Zitronensaft
2 EL Apfelessig
1 TL Balsamico
Salz, Pfeffer
1-2 EL Haselnussöl
Koriandergrün oder einfach Schnittlauch

Reispapierpäckchen mit Sauerkraut und Blut- & Leberwurst

Die alpenländischen Krautkrapfen haben uns zu diesem Rezept inspiriert , allerdings fanden wir die Verpackungsmöglichkeiten, die wir aus der asiatischen Küche kennen, noch pfiffiger (und weniger Arbeit machen sie obendrein!). Statt Nudel- oder Krapfenteig, der übrigens einem Strudelteig ähnelt, verarbeiten wir hier asiatisches Reispapier, wie man es auch für Frühlingsrollen nimmt. Das ist leichter zu handhaben (man kauft es fix und fertig, und es muss nur eingeweicht werden) und wird nach dem Backen oder Braten herrlich knusprig.

1 Die Reispapierblätter in Wasser tauchen, dann nebeneinander auf der Arbeitsfläche auslegen, immer zwei aufeinander, und zwar jeweils mit der gemusterten Seite nach innen – so dass die glatte Seite des unteren Blattes nach unten und die des oberen Blattes nach oben zu liegen kommt. Einige Minuten warten, bis die Blätter ihr Aussehen verändert haben, nicht mehr transparent, sondern weißlich und ganz weich geworden sind. Jetzt müssen sie immer mit einem feuchten Tuch abgedeckt werden, damit sie nicht wieder austrocknen und zäh und ledrig werden.

2 Das Kraut nach dem Grundrezept zubereiten (es kann auch ein Rest sein), als schmales Bett quer auf jeweils einer Hälfte des Kreisrundes der Reispapierblätter auslegen. Je ein Stück Blut- und Leberwurst darauf setzen und mit Majoran bestreuen. An den Seiten einschlagen, aufrollen und ein festes, längliches Päckchen formen. Im heißen Öl oder Schmalz in einer Pfanne braten oder mit Öl eingepinselt auf einem Blech im heißen Ofen (bei 220 °C, ca. 15 Minuten) backen, bis die Päckchen rundum zart gebräunt sind.

BEILAGE

Sauerkrautsalat. Dafür das frische, zerzupfte Kraut mit einer Marinade aus Orangen- und Zitronensaft, Apfelessig, Balsamico und Haselnussöl anmachen, zum Schluss Koriandergrün oder Schnittlauch untermischen. In einem Menü eine hübsche Vorspeise, aber natürlich auch eine ganze Mahlzeit.

GETRÄNK

Ein knackiger, herzhafter, natürlich trocken ausgebauter Weißburgunder aus der Pfalz, etwa vom Weingut Rebholz.

Sauerkrautcremesuppe mit Heilbutt

ZUTATEN

Für vier bis sechs Personen:

1 Zwiebel
1 Knoblauchzehe
2 EL Butter
1 kleiner, milder Apfel (z. B. Golden Delicious oder Jonagold)
400 g Sauerkraut
ca. ¼ l Weißwein
Salz, Pfeffer
Cayennepfeffer
½ TL Zucker
2 Lorbeerblätter
200 g Crème fraîche
evtl. etwas Brühe
350 g Fischfilet (am liebsten vom Heilbutt)
1 Kräuterstrauß (das kann eine beliebige, gerade auf dem Markt erhältliche Mischung sein – z. B. Petersilie, Estragon, Kerbel, Liebstöckel, Schnittlauch)

Ein verblüffendes Gericht, eine cremig-sanfte Suppe, in der man den Duft vom Kraut spürt, aber nichts vom typischen Biss, denn sie ist absolut glatt gemixt. Darin schwimmen Würfel von mit Kräutern paniertem Heilbutt, der so zart ist, dass er auf der Zunge zergeht. Eine elegante, sehr feine Suppe – ein Auftakt zu einem großen Menü.

1 Zwiebel und Knoblauch fein würfeln, in der heißen Butter sanft andünsten. Den Apfel schälen und vierteln, das Kerngehäuse ausschneiden, Viertel quer in feine Scheibchen schneiden und mitdünsten. Schließlich das Sauerkraut zerpflücken, eventuell sogar mit einem großen Messer hacken und zufügen. Mit Weißwein auffüllen. Salzen, pfeffern, mit Cayennepfeffer und Zucker würzen. Lorbeerblätter dazwischenbetten und zugedeckt 20 Minuten leise dünsten.

2 Die Lorbeerblätter entfernen, Crème fraîche unterrühren, dann mit dem Mixstab alles zu einem möglichst glatten Püree zerkleinern. Wenn nötig mit einem guten Schuss Brühe in die gewünschte Konsistenz bringen.

TIPP

Richtig cremig wird die Suppe, wenn man eine gewürfelte Kartoffel von Anfang an mitkocht. Sie gibt eine schöne Bindung.

3 Inzwischen das Fischfilet in große Würfel schneiden, diese mit Salz und Pfeffer würzen und in reichlich fein gehackten Kräutern wenden, bis sie davon leuchtend grün überzogen sind. Unmittelbar vor dem Servieren in die kochend heiße Suppe legen, wo sie alsbald, in höchstens einer Minute, gar ziehen. In tiefen Tellern zu Tisch bringen.

BEILAGE

Dazu braucht's nichts weiter als frisches Weißbrot.

GETRÄNK

Ein kräftiger Grauburgunder oder ein eleganter Chardonnay vom Kaiserstuhl.

Elsass

Spezialitäten aus dem Elsass

Bei unseren Nachbarn in die Töpfe geschaut

Das Elsass, landschaftlich wunderschön, ist ein beliebtes Reiseziel. Es ist nicht weit, nicht zu fremdartig, man befindet sich schon im Ausland, aber es begegnet einem durchaus immer wieder Vertrautes – und man kommt sogar ohne besondere Sprachkenntnisse aus. Und die Küche ist einerseits verlockend anders, andererseits aber doch nicht allzu exotisch.
Obwohl: Womöglich kommt ja so manchem durchaus ungewöhnlich vor, was wir diesmal als Hauptgericht auf den Tisch bringen wollen. Es gibt nämlich Kaninchen, bei uns ein nicht ganz so üblicher Fleischlieferant wie bei unseren Nachbarn. Und zwar servieren wir es auf ganz klassisch elsässische Art, in Rieslingrahm. Genauso könnte man übrigens auch ein Huhn zubereiten, das wäre dann der berühmte **Coq au Riesling.**

Kaninchen in Rieslingrahm

Es gibt große und kleine Kaninchen, die kleinen bringen oftmals gerade mal die Hälfte dessen auf die Waage, was ein größeres Kaninchen vorzuweisen hat. Das ist übrigens von der Rasse beziehungsweise Sorte abhängig, nicht Sache des Alters. Vom größeren, fleischigeren Kaninchen hat man mehr, dank seines geringeren Knochenanteils. Aber aussuchen kann das allenfalls, wer beim Erzeuger einkauft, also auf dem Markt oder beim Bauern auf dem Land. Oder beim Geflügelhändler – denn Kaninchen gehören zur so genannten basse cour, *dem niederen Hof, im Gegensatz zur* haute cour, *dem oberen Hof, wo das große Vieh zu Hause ist, das der Metzger feilbietet.*
Kaninchen gibt es auch bei uns immer öfter in der Kühltruhe des Supermarkts. Kaninchenfleisch ist hell und zart und besonders bekömmlich. Deshalb heißt es zugreifen, gleichgültig, ob es ein großes oder kleineres Exemplar ist. Hauptsache frisch!

1 Zunächst muss das Kaninchen fachgerecht zerlegt werden: Die Bauchlappen entlang der Rippen und des Rückens abschneiden. Sie aufrollen und mit Küchenzwirn zu einem Päckchen schnüren. Jetzt die Keulen abspreizen, mit dem Messer das Fleisch bis zum Hüftknochen

ZUTATEN

Für vier bis sechs Personen:

1 Kaninchen (ca. 1,5 bis 2 kg)
50 g Butter
1 EL Öl
1 Zwiebel
1 Knoblauchzehe
2 Selleriestangen
Salz, Pfeffer
3-4 Thymianzweige
1 Rosmarinzweig
1 Salbeizweig
1 Bund glatte Petersilie
2-3 Lorbeerblätter
1 Stück Zitronenschale
¼ l Weißwein
knapp ¼ l Brühe (Gemüse- oder Geflügelbrühe)
3-4 Möhren
200 g kleine Zwiebeln oder Schalotten
250 g Champignons
1 Prise Zucker
je 1 Msp. Cayennepfeffer und Kreuzkümmel
ca. 200 ml Sahne

ablösen, dann lässt sich der Oberschenkel wegkippen und im Gelenk vom Körper abtrennen. Ist das Kaninchen groß, sollte man Ober- und Unterschenkel in der Mitte auseinander schneiden.

2 Alsdann das Rückenstück jenseits der hintersten Rippe durch das Rückgrat hindurch abschneiden und mit einem stabilen Küchenbeil je nach Größe des Kaninchens quer in drei bis vier Portionsstücke teilen. Dann die Vorderläufe an der Schulter vom Brustkasten schneiden. Diesen entlang des Brustbeines mit einer Geflügelschere auftrennen und die Rippen entlang dem Rückgrat abschneiden. Diese beiden Teile zwischen den Rippen in zweifingerbreite Streifen schneiden. Sie sind hauptsächlich für die Sauce gut und zum Abnagen – es ist nicht viel Fleisch dran. Ansonsten sollte man beim Portionieren immer darauf achten, dass die Stücke annähernd gleich groß sind.

3 In einem Bräter 2 bis 3 Esslöffel Butter aufschäumen lassen, Öl zufügen und in dieser Mischung die Kaninchenteile langsam rundum schön goldbraun anrösten. Unterdessen die Zwiebel sehr fein würfeln und mitschmurgeln, auch den fein gehackten Knoblauch zufügen und die ebenfalls schön klein gewürfelten Selleriestangen. Alles anrösten sowie salzen und pfeffern.

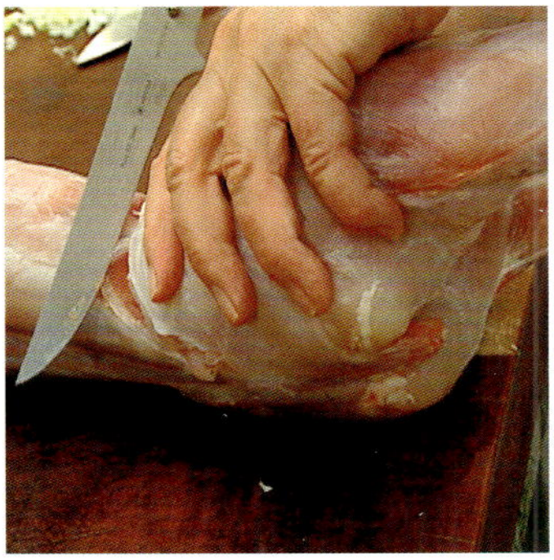

4 Die Kräuter mit den Petersilienstielen (Blätter abzupfen und beiseite legen), Lorbeerblättern und Zitronenschale zu einem Bündel zusammenschnüren und in den Topf betten. Jetzt Wein sowie Brühe angießen – die Flüssigkeit sollte höchstens zweifingerhoch reichen.

Aufkochen, dann den Deckel auflegen und das Kaninchen auf kleiner Flamme oder im 140 °C heißen Backofen eine gute Stunde schmurgeln lassen.

5 In der Zwischenzeit die Gemüse zubereiten: Möhren mit dem Sparschäler schälen, möglichst akkurat in gut zentimetergroße Würfel schneiden. In einem flachen, weiten Topf in der restlichen Butter sanft andünsten. Die Schalotten schälen, längs halbieren oder vierteln, die Champignons putzen, halbieren oder vierteln (beides sollte etwa doppelt so groß wie die Möhrenwürfel sein) und zu den Möhren geben. Salzen, pfeffern und mit einer Prise Zucker sowie einem Hauch gemahlenem Cayennepfeffer und Kreuzkümmel würzen. Zugedeckt auf ganz kleinem Feuer etwa eine halbe Stunde im eigenen Saft dünsten – aufpassen, dass nichts ansetzt; eventuell mit einem Schuss Brühe für genügend Feuchtigkeit sorgen.

6 Am Ende dieses Gemüse zu den Kaninchenstücken in den Topf geben, außerdem die Sahne angießen. Das Ragout jetzt nochmals auf dem Herd etwa zehn Minuten ohne Deckel leise köcheln lassen. Dazu schmecken als Beilage:

Spinatstriewla

Spätzle heißen im Elsass „Striewla", weil sie in Streifen (Striewla) vom Brett geschnitten werden. Zu diesem Ragout mit der hellen Sauce färben wir den Teig mit Spinat grün ein. Das schmeckt wunderbar und sieht obendrein pfiffig aus.

ZUTATEN:

Für vier bis sechs Personen:

200 g Spinat (blanchiert und gehackt – auch TK-Produkt)
4 Eier
400 g Mehl
Salz, Muskat

für die Butterbrösel:
2 EL Butter,
50 g Semmelbrösel

TIPP

Die Spinatstriewla kann man gut auch schon vorher zubereiten, denn sie bleiben in einem Gefrierbeutel verstaut im Kühlschrank frisch. Zum Aufwärmen den Beutel einfach in die Mikrowelle legen. Gut verschließen, aber Raum lassen, damit sich die Luft darin ausdehnen kann. Dann in einer Schüssel mit den Butterbröseln bestreuen. So spart man Fett.

1 Den Spinat gegebenenfalls auftauen, mit Eiern und Mehl im Mixer glatt pürieren, dabei mit Salz und Muskat würzen. Wer die Striewla vom Brett schaben will (wie es die elsässischen Hausfrauen tun), muss den Teig etwas fester halten, als wenn man ihn durch die Presse oder durch das Spätzlesieb drückt. Flüssiger wird der Teig, indem man einen Schuss Milch oder ein zusätzliches Ei unterrührt (je mehr Ei, desto flaumiger werden die Spätzle). Den Teig in jedem Fall eine halbe Stunde quellen lassen.

2 Dann portionsweise direkt vom Brett in reichlich aufwallendes Salzwasser schaben oder durch eine Spätzlepresse drücken. Sobald die Striewla oben schwimmen, sind sie gar. Mit einer Schaumkelle herausheben, in heißem Wasser, das in einer großen Schüssel bereitstehen sollte, schwenken und schließlich in einem Sieb gründlich abtropfen lassen. In eine Schüssel füllen, mit Butterbröseln bestreuen und sofort servieren.

3 Die Brösel sind einfach gemacht: Butter in einer Pfanne aufschäumen lassen, die Brösel hineinstreuen und so lange darin schwenken, bis sie haselnussbraun geworden sind und duften

GETRÄNK

Ein kraftvoller Riesling, der ruhig etwas reifer und üppig sein darf, damit er der sahnigen Sauce standhalten kann. Wir haben einen gereiften Grand Cru Fürstentum vom Weingut Blanck aus dem Jahr 88 getrunken, der trotz seiner 17 Jahre noch immer kraftvoll und frisch wirkte.

ZUTATEN

Für vier bis sechs Personen:

Schneckenbutter:
100 g Butter
1 Tasse glatte Petersilie
20 g geschälter Knoblauch
Salz, Pfeffer

Außerdem:
24 Schnecken in ihrem Sud
4-6 Eier
Salz, Pfeffer
200 g Sahne
Kräuter zur Dekoration

Eine schöne Vorspeise:

Schneckentöpfchen mit Ei

Serviert in kleinen Mini-Terrinchen oder einfach in Tassen – ebenso hübsch wie originell und sehr wohl schmeckend! Und außerdem noch prima vorzubereiten.

1 Zuerst die Kräuterbutter herstellen, und zwar am besten schon am Vortag: Zimmerwarme, also sehr weiche Butter, Petersilienblätter und Knoblauch im Mixer pürieren, dabei salzen und pfeffern. Kalt stellen.

2 Die Schnecken in kleinen Förmchen oder Portionsterrinen (ersatzweise Tassen) verteilen und mit etwas Schneckensud benetzen. Die Eier in eine Schüssel aufschlagen. Jedes Eigelb einzeln mit dem Löffel herausfischen, jeweils zwischen die Schnecken setzen. Salzen und pfeffern.

3 Die Sahne aufkochen, die eiskalte Kräuterbutter stückchenweise zufügen, mit dem Pürierstab aufmixen, bis die Sauce cremig gebunden ist. Abschmecken und in die Förmchen verteilen, diese nun für 10 Minuten in den heißen Ofen (200 bis 220 °C) stellen. Direkt aus dem Ofen, mit Kräutern dekoriert, glühend heiß servieren.

GETRÄNK

Einen säure-frischen Muscat d'Alsace, einen Muskateller, der nicht zu stark parfümiert ist. So macht er Appetit auf das Menü und nicht bereits vorzeitig satt.

ZUTATEN

Für vier bis sechs Personen:

1 ganzer, gut durchgereifter Munsterkäse (400 g)
3-4 EL Marc (Trester) vom Gewürztraminer (oder ein anderer aromatischer Tresterbrand)
2 EL Kümmel
2 Bund Schnittlauch

Flambierter Munsterkäse

Keine Mahlzeit in Frankreich ohne Käse zum Abschluss – Käse eröffnet sozusagen die Verdauung und sorgt mit seinen Enzymen für bessere Bekömmlichkeit. Keine Angst vor den Kalorien (vorausgesetzt natürlich, man isst nicht zu viel davon!), denn ein Stückchen Käse ist dank seiner belebenden Wirkung auf den Stoffwechsel kalorien neutral. Oder anders formuliert: Was der Käse dem Körper an Kalorien liefert, braucht der, um ihn zu verdauen. Diese Erkenntnis ist ein wichtiger Bestandteil der so genannten mediterranen Diät.

Eine besonders pfiffige Variante einer Käseplatte ist der Flambierte Munsterkäse. Diesen Rotschmierkäse aus dem Munstertal bekommt man auch bei uns in jedem guten Käseladen. Aber unbedingt darauf achten, dass es wirklich ein Rohmilchkäse ist (trägt die Bezeichnung „au lait cru“), dann schmeckt er besser, wird beim Flambieren schön cremig und, das ist besonders angenehm, man kann ihn auch anschließend noch lange genießen, wenn etwas übrig bleibt. Der Käse sollte reif sein, also auf Fingerdruck sanft nachgeben.

1 Den Käse Zimmertemperatur annehmen lassen und auf eine große Platte setzen. Den Schnaps in einer Suppenkelle erhitzen (etwa über einem Tischbrenner, mit einem Gas-Lötbrenner oder einem Campingbrenner), anzünden und langsam über den Käse gießen. Brennen

lassen, dabei immer wieder mit der brennenden Flüssigkeit beschöpfen, bis die Flamme von allein erlöscht. Das ist ein Zeichen, dass der Alkohol sich verflüchtigt hat und nur noch der Geschmack übrig ist. Die Käserinde, die man sonst abschneiden würde, ist jetzt geröstet und desinfiziert und dadurch genießbar geworden.

2 Den Käse in Tortenstücke schneiden, auf Desserttellern anrichten, daneben jeweils ein Häufchen Kümmel und Schnittlauchröllchen setzen und servieren. Dazu Baguette oder Bauernbrot.

Achtung: Beim Flambieren aufpassen, dass die Stichflamme weder Sie selbst noch den Vorhang oder Ähnliches in Brand setzen kann!

GETRÄNK

Unbedingt ein herzhafter Gewürztraminer, der mit seinem charakteristischen Duft zum Munster einfach unglaublich gut passt, natürlich aus dem Elsass.

Zitronencreme

Genau das Richtige im Winter, wenn man Vitamin C in großen Mengen braucht.

1 Eier trennen. Die Eigelb mit Zucker über Wasserdampf oder im Wasserbad heiß und dick schlagen. Zitronensaft unterrühren, dann die Zitronenschale sowie die eingeweichte Gelatine. Diese Masse abkühlen lassen, sobald sie fest zu werden beginnt, die steif geschlagene Sahne unterheben. In Förmchen füllen und über Nacht kalt stellen.

2 Aus den Eiweiß Baisers herstellen. Sie mit Zucker langsam 10 Minuten lang steif schlagen, den Zucker nach und nach einrieseln lassen, dabei auch die Salzprise zufügen. Der Schnee sollte wie eine glatte Salbe wirken, nicht wolkig-flockig sein. In einen Spritzbeutel füllen, damit Tupfen auf Backpapier setzen. Im lauwarmen Backofen mit Heißluft bei ca. 100 °C zwei bis drei Stunden trocknen lassen.

3 Schön sind als Dekoration getrocknete Zitronenscheiben. Dafür die Zitrone auf der Aufschnittmaschine in gleichmäßig dünne Scheiben schneiden. Diese in Zucker wenden und nebeneinander auf Backpapier auslegen. Ebenfalls im milde erwärmten Ofen trocknen. Baisers und Zitronenscheiben kann man übrigens aufbewahren – natürlich separat und in gut schließenden Dosen.

4 Zum Servieren die Cremes aus den Förmchen stürzen und auf Desserttellern anrichten. Mit Schäumchen und Zitronenscheiben garnieren.

GETRÄNK

Zur Zitronencreme ist ein kraftvoller Wein nötig, der nicht gleich in die Knie geht. Gut passt ein Crémant d'Alsace, also ein Elsässer Sekt mit klassischer Flaschengärung.

ZUTATEN

Für vier bis sechs Personen:

4 Eigelb
3 gehäufte EL Zucker
Saft und abgeriebene Schale einer Zitrone
2 Blatt Gelatine
200 ml Sahne

Baisers:
4 Eiweiß
200 g Zucker
1 Prise Salz

Außerdem:
1 Zitrone
Zucker zum Bestreuen

Sahne, Rahm, Crème fraîche

Sahne und Crème fraîche sind wichtige Stützpfeiler der elsässischen Küche. Und trotzdem braucht man jeweils gar nicht so viel, dass man wegen der Kalorien um seine Linie bangen müsste. Vor allem gilt: Je besser die Qualität, desto weniger braucht man! Ein Löffel guter Crème fraîche, ganz zum Schluss in die Sauce gerührt, ist allemal besser als ein ganzes Glas Kaffeesahne. Doch was bedeutet in diesem Zusammenhang Qualität? Und wie beurteilt man sie?
Die einfache Antwort: Je naturbelassener das Produkt, desto besser. Man sollte also im Milchregal stets lieber zum Naturprodukt greifen statt zur gewürzten oder sonst wie behandelten Industrieversion. Aber es kann einen schon der Mut verlassen, wenn man bei dem Riesenangebot im Supermarkt die Spreu vom Weizen trennen soll.

Da heißt es, das Etikett jeweils genau zu studieren. Als Erstes: der Fettgehalt. Wer mit Sahne kochen will, braucht eine Sahne mit einem Fettgehalt von mindestens 28 %, sonst flockt sie aus. Die übliche 10%ige **saure Sahne** ist also zum Kochen ungeeignet. Man sollte sie nur für kalte Zubereitungen gebrauchen.
Schmand mit 24 bis 28 % Fettgehalt ist schon besser, allerdings sollte man ihn erst ganz am Ende in die heiße Sauce rühren, auf keinen Fall noch mal richtig kochen, denn sein Fettgehalt reicht nicht aus, ihr sahniges Gerüst auch nach gründlichem Aufkochen zu erhalten. Ideal ist eine **Sahne** oder **Rahm** (wie man in Süddeutschland sagt) mit 30 beziehungsweise 32 % Fettgehalt. **Sahne extra** hat meist ca. 36 % Fettgehalt. Und **Crème fraîche** oder **Crème double** sogar 38 bis 42 %.

Weiter ist auf dem Etikett vermerkt, ob und auf welche Weise das Produkt »wärmebehandelt« ist. Steht dieses Wort allein auf der Packung, wurde die Sahne (mindestens und fast immer) pasteurisiert, das heißt kurzzeitig auf 62 bis 85 °C erhitzt. Je weniger hoch sie dabei erhitzt wird, desto mehr bleiben der natürliche Geschmack sowie die wertvollen Inhaltsstoffe erhalten. In diesem Fall steht ausdrücklich »Frische Sahne« auf der Packung.
Steht dort »ultrahocherhitzt«, dann bedeutet das, dass die Milch eine bis vier Sekunden lang bei 135 bis 150 °C unter hohem Druck gekocht wurde. Jetzt ist sie in der geschlossenen Packung sogar ohne Kühlung garantiert bis zu sechs Wochen haltbar. Allerdings

schmeckt die Sahne jetzt nicht mehr „frisch“, sondern hat jenen karamellartigen Ton, der typisch für dieses haltbare Produkt ist. Dieser Geschmack tritt noch intensiver auf, wenn die Sahne sterilisiert wurde, also in der geschlossenen Verpackung zehn bis zwanzig Minuten bei 110 °C eingekocht wird. Ein Verfahren, das man eigentlich nur für Kaffeesahne anwendet, die dadurch auch bei Zimmertemperatur monatelang haltbar ist.
Meistens folgt auf die Wärmebehandlung das Homogenisieren. Dabei wird die Sahne, wie auch die Milch, unter Druck durch haarfeine Düsen gepresst, um die milcheigenen Fettkügelchen in sehr viel kleinere Tröpfchen zu zerteilen. Das verhindert, dass sich später die Milch trennt, also das Fett, weil es leichter als das Wasser ist, sich oben absetzt.

Im Prinzip gilt dies alles auch für Crème fraîche oder Crème double. Allerdings sind die Angaben auf den Packungen aus Frankreich nicht so detailliert. In Frankreich gibt es auf den Märkten oft frische Sahne oder Crème fraîche vom Bauern. Und sogar in Supermärkten gibt es abgepackt dicke frische Sahne, die zwar pasteurisiert, aber nicht homogenisiert ist. Wer so etwas mal probiert hat, wird es nie vergessen, so sanft, so cremig und so süß (oder säuerlich, im Falle von Crème fraîche) im Geschmack – einfach unvergleichlich! Mit Glück kann man dies auch bei uns ab und zu in sehr guten Feinkost- oder Käseläden finden, die ihre Ware direkt aus Frankreich importieren. Dann unbedingt zugreifen!

Schließlich gibt es noch eine dreifach dicke Sahne aus Italien, die **Mascarpone** – mit einem Fettgehalt von über 50%. Diese dicke Sahne ist eigentlich ein Frischkäse, absolut stichfest und sehr geschmackvoll. Man kann damit kochen, aber meist nimmt man sie für üppige Süßspeisen.

Was noch auf der Packung stehen kann: Wenn Gelatine und Stärke zugesetzt werden, damit das Produkt eine gleichbleibend feste Konsistenz behält, muss das deklariert werden. Crème fraîche darf sogar bis zu 15 Prozent Zucker (Saccharose) enthalten, um einen volleren Geschmack zu erzielen. Auch Milcheiweiß und/oder Milchtrockenmasse dürfen laut Milcherzeugnisverordnung zugesetzt werden, ohne dass dies auf der Packung vermerkt sein muss; diese Substanzen verhindern, dass sich die Molke während der Verarbeitung in der Molkerei absetzt.
Bei **Bio-Milch** kann man jedoch sicher sein, dass sie lediglich pasteurisiert wurde, um sie haltbar zu machen; wobei die Temperaturen nie 74 °C übersteigen. Sie ist garantiert weder homogenisiert noch sterilisiert, noch ultrahocherhitzt.

Schmorbraten

Zartes Fleisch und kraftvolle Sauce

Endlich mal wieder ein sattes Stück Fleisch auf den Teller! Diesmal so sanft geschmort, dass es auf der Zunge zergeht ... Das ist ja ein bisschen aus der Mode gekommen, denn ein solches Bratenstück braucht vor allem Zeit, und die gönnt man sich leider immer seltener. Es ist also das richtige Essen fürs Wochenende, wenn man Muße hat. Und auch, um Gäste einzuladen – denn ein Braten sollte natürlich auch die richtige Größe haben. Ein Schmorbraten für zwei ist ein Widerspruch in sich!
Zunächst einmal ist für einen Schmorbraten das richtige Fleischstück nötig. Auf keinen Fall nimmt man dafür das teure Filet, denn praktischerweise sind dafür ein Schulterstück, die Wade oder der Bauch besser geeignet. Diese eher preiswerten Teile kann der Metzger nämlich kaum verkaufen, weil sie mit Sehnen und Fettsträngen durchwachsen sind. Sie sind langfaserig und aus diesem Grunde nicht zum Kurzbraten geeignet. Damit sie schön zart werden, bedarf es daher der entsprechenden Art der Zubereitung: Sanftes Schmoren ist hier angesagt! Übrigens: Der Schmorbraten kommt nicht, wie manche wohl glauben mögen, von einem besonders jungen Schmor, (wie der Lammbraten vom Lamm kommt, der Rinderbraten vom Rind ...) sondern verdankt seinen Namen der Garmethode.

Welche Stücke sich am besten eignen

Es können die unterschiedlichsten Fleischstücke sein, die man zum Schmoren nimmt. Damit daraus jedoch ein anständiger Schmorbraten wird, müssen sie unbedingt von Fett durchzogen und von Sehnen durchwachsen sein. Ideal ist zum Beispiel das Wadenstück vom Rind, das möglichst vom Metzger vom Knochen gelöst wurde, so dass sich ein schön geformtes, in sich geschlossenes, halbrundes Stück ergibt, welches herrlich gleichmäßig von Sehnen durchzogen ist. Gut ist auch die ausgelöste Schulter. Beim Rind nennt man das flache, länglich geformte Stück aus der Schultermitte, das in der Mitte eine schöne dicke Sehne trägt, »flachen Bug« oder, weil der immer weiß, was gut ist, das »Bürgermeisterstück«. Beim Schwein lässt sich die ausgelöste Schulter besonders gut pökeln, das macht das Fleisch noch zarter und gibt ihm einen köstlichen Geschmack. Es sind zwar streng genommen keine richtigen Schinken (dieser Begriff ist der Keule vorbehalten), dafür aber bestimmt die saftigsten!

Auch beim Lamm eignet sich die Schulter bestens, in diesem Fall sollte man ruhig den Knochen belassen, der zusätzlich dafür sorgt, dass das Fleisch saftig bleibt. Und schließlich kann man zum Schmoren auch eine große Scheibe aus der Rinderhüfte nehmen. Aus ebendiesem Fleisch macht man Rouladen, und eine Roulade ist ja nichts anderes als ein kleiner Portionsschmorbraten, wenn man so will. Dieses Fleisch allerdings ist ja nun ganz und gar nicht von Fett oder gar Sehnen durchzogen, wieso also ist es zum Schmoren geeignet? Nun, Ausnahmen bestätigen immer wieder die Regel. Und in diesem Fall wird das Fleisch vorm Austrocknen geschützt, indem man es füllt. Bei den kleinen Rouladen genügen da Senf, Gürkchen und Gemüsestreifen. In unserem Beispiel der Riesenroulade auf sizilianische Art wird das Fleisch mit einer würzigen, saftspendenden Hackfleischfarce gefüllt.

Was ist das eigentlich: Schmoren?

Schmoren bezeichnet eine klassische Garmethode: Zunächst wird dafür das Fleisch kräftig angebraten, dann mit relativ wenig Flüssigkeit abgelöscht, und schließlich lässt man es bei milder Hitze in der feuchten Atmosphäre, die jetzt im verschlossenen Topf entsteht, sehr langsam garen. Damit es dabei nicht trocken wird, muss das Fleischstück von Fett, vor allem aber auch von Sehnen durchzogen sein. Es sind nämlich die Sehnen, die das Fleisch saftig halten. Denn das Kollagen, aus dem sie bestehen, schmilzt bei der richtigen, nämlich milden Hitze, und mit seiner gelatinösen Kraft umwirkt es die Fleischfaser[...] Es fasst sie ein, macht sie saftig und geschmeidig und bewahrt si[...] Austrocknen.

Das [...]ens

Wich[...]immt, der sich gut
vers[...]e gut leitet. Gusseisen
ist [...] stets eine Weile, bis es
g[...]rt sie dann jedoch sehr
[...]tig an das Topfinnere ab.
[...]ichlich Fett (Öl, Schmalz,
[...]ung) rundum kräftig angebra-
[...]gleich würzen, also unbedingt
[...]ch weitere Kräuter und Ge-
[...]lwerk oder andere Aromen zu-
[...] das Bratenstück rundum eine
[...]r Brühe abgelöscht – nicht zu viel!
[...]en entscheidend. Das Bratenstück
[...]n (also kochen!), es darf ihm nur

wenig Saft beigegeben werden. Deshalb also höchstens zwei-, dreifingerhoch angießen und dann in kleinster Hitze leise schmurgeln lassen, natürlich zugedeckt, langsam und lange! Je nach Dauer ab und zu überprüfen, ob noch genügend Flüssigkeit im Topf ist und der Braten tatsächlich schmort, nicht brät – und eben auch nicht kocht.

Vom Pfeffer und anderen würzigen Beeren

Pfeffer ist eine bis zu fünf Meter hoch rankende Pflanze, die pralle, appetitliche grüne Beeren bildet, die an gut fingerlangen, schlanken Rispen zusammengefasst sind. Die grünen Beeren isst man frisch, sie sind würzig und scharf, aber nicht zu intensiv brennend. Sie sind ein Vergnügen in Curries, in Schmorgerichten oder zum Steak. Aber ihr fruchtiges Aroma passt sogar zu Erdbeeren! In der Sauce zum ananasduftenden Schinkenbraten sind sie ein fruchtiges, belebendes Element (Seite 52).

Lässt man **grüne Pfefferbeeren** (1) trocknen, fermentieren sie an der Luft, schrumpeln ein und werden schwarz: Das ist der **schwarze Pfeffer** (2). Dabei konzentriert sich ihr Aroma, und ihre Schärfe intensiviert sich.
Nach vollständigem Ausreifen färben sich die grünen Beeren rötlich. In diesem Zustand, also reif geerntet, lässt man die Beeren erst in Wasser quellen, bevor man das Fruchtfleisch abreibt. Heraus kommt dann ein weißer Kern, der **weiße Pfeffer** (3). Er ist angeblich weniger beißend als der schwarze – aber wir haben unsere Zweifel, ob das wirklich jemand bei einer Blindprobe herausfände. In hellen Saucen hinterlässt er keine Spuren, daher nimmt man immer dann den weißen Pfeffer, wenn man ihn nicht sehen soll und wenn die Pfefferschärfe nicht zu heftig sein darf. Gefriergetrockneter **Grüner Pfeffer** (4) ist mild würzig. **Nelkenpfeffer** (8) ist eigentlich kein echter Pfeffer, genauso wenig wie der heutzutage beliebte rosa Pfeffer. Der erstere stammt von einem hoch wachsenden Baum, der in der Karibik zu Hause ist. Sein Aroma birgt eine ganze Vielzahl von Düften in sich

(Pfeffer, Nelke, Zimt, Muskat), weshalb man ihn auch Allgewürz nennt. Die Franzosen sind da ein wenig genauer und sprechen von quatr'épice, vom »Viergewürz«. **Rosa Pfeffer** (5) hat ebenfalls nichts mit der Pfefferpflanze zu tun. Er kommt von einem holunderähnlichen Strauch aus Madagaskar, der auch im mediterranen Raum gedeiht. Die getrockneten rosafarbenen Beeren, die an üppig verzweigten Dolden reifen, geben einen feinen Duft und eine charakteristische Würze. Am besten wirken sie frisch im Mörser zerstoßen.
Der **Longpepper** (6) aus Asien schließlich, der den länglichen Haselnussblüten ähnlich sieht, bietet ebenfalls mehr als nur pfeffrige Würze – er liefert auch noch den Duft von Muskat und einen Hauch Exotik. Die Chinesen lieben den **Szechuanpfeffer** (7), dessen rötliche, flockige Beeren ihre wahre Kraft erst dann entwickeln, wenn man sie in der trockenen Pfanne angeröstet hat. In Japan schätzt man dieses Gewürz ebenfalls als Bergpfeffer.
Wichtig ist stets, dass all diese Pfeffersorten frisch gemahlen oder gemörsert werden, das Parfum verfliegt rasch. Eine gute Mühle ist deshalb einfach unerlässlich. Und wer sich aufmacht, eine Pfeffermühle zu kaufen, sollte sich nicht scheuen, Pfefferkörner mitzunehmen und die Mühle im Laden auszuprobieren: Sie ist einfach zu teuer, als dass man einen Fehlkauf riskieren sollte. Wir haben übrigens schon oft gehört, dass unser Rat bei den meisten Verkäufer/innen auf Verständnis traf. Das finden wir prima!
Für kleine und größere Mengen sind auch Mörser praktisch. Es gibt kleinere und größere Modelle, vom handlichen gusseisernen Mörser bis zum schweren Steinmörser aus dem Thai-Laden. Empfehlenswert auch die Mörser aus dem Laborbedarfhandel – dort gibt es sie in sämtlichen Größen und Formaten!
Auch wenn sie hier Cayennepfeffer, dort spanischer Pfeffer, dann auch Pfefferschoten genannt werden: Chilis sind kein Pfeffer! Es handelt sich hierbei um eine eigene Pflanzenfamilie, die nur wegen ihrer Schärfe einst mit dem Pfeffer in Verbindung gebracht wurde. Bei genauerer Betrachtung stellt man jedoch fest, dass es sich um eine vollkommen andere Art von Schärfe handelt, die obendrein eine ganz andere Wirkung hat.

ZUTATEN

Für vier bis sechs Personen:

2-3 große, gut ½ cm dünne Scheiben aus der Rinderkeule (Rouladenfleisch), insgesamt ca. 800 g
150 g hauchdünne Scheiben durchwachsener Speck
Pfeffer
500 g Hackfleisch
2 altbackene Brötchen
5 Eier
100 g frisch geriebener Caciocavallo (halbfester sizilianischer Schnittkäse) oder Pecorino
100 g gekochter Schinken (in 3 mm dicken Scheiben)
2 Zwiebeln
3-4 Knoblauchzehen
4 EL Olivenöl
glatte Petersilie
1 EL Oregano
Salz
1 kleine Möhre
2 Selleriestängel
1 dünne Lauchstange
2 EL konzentriertes Tomatenmark
¼ l Weißwein (ein kräftiger aus Sizilien)
etwas Brühe
1-2 EL Olivenöl für die Sauce

Farsu Magru

Das ist Sizilianisch und bedeutet in etwa »gefüllt & mager«, wobei die Magerkeit nicht wörtlich zu nehmen ist, sondern eher im übertragenen Sinne »ärmlich« meint. Das klingt zwar wenig einladend, ist aber auf dem Teller unwiderstehlich! Und es ist, wenn man so will, tatsächlich eine Roulade im Riesenformat: Vom Metzger lässt man sich aus der Oberschale zwei bis drei dünne (1/2 cm dicke) Scheiben schneiden. Diese klopft man noch zusätzlich mit dem glatten Fleischklopfer platt und legt die Scheiben auf der Arbeitsfläche so aneinander, dass sie eine große Fläche bilden. Für die Füllung wird eine Farce (Farsu) aus Hackfleisch, eingeweichtem Brot, geriebenem Käse, gewürfeltem Schinken und Speck, gedünsteter Zwiebel, Knoblauch, Petersilie und Ei kräftig gewürzt (hier kommt der Pfeffer zum Einsatz), gut zentimeterdick auf der Fleischscheibe verteilt, mit Hälften oder Scheiben von gekochtem Ei belegt und aufgerollt. Schließlich wird die Rolle geschmort. Nach ca. 2 Stunden ist der Farsu Magru gar. Der Schmorsud wird mitsamt dem mitgeschmurgelten Knoblauch und Gemüse abgeschmeckt und nach Belieben aufgemixt. Das ganze Bratenstück sollte man vor dem Aufschneiden etwas ruhen lassen, damit die Füllung genügend Festigkeit bekommt. Am nächsten Tag lässt er sich sogar auf der Aufschnittmaschine schneiden. Er schmeckt nämlich auch kalt bestens – dann mit einer Tomatensauce oder mit einer Vinaigrette.

1 Die Fleischscheiben nebeneinander auf der Arbeitsfläche ausbreiten und mit dem Fleischklopfer (glatte Seite!) behutsam, aber energisch noch flacher klopfen. Sie dann so übereinander legen, dass eine große, rechteckige Fläche entsteht. Die Hälfte der hauchdünnen Speckscheiben darauf auslegen und mit Pfeffer bestreuen.

2 Für die Farce das Hackfleisch mit den eingeweichten, gut ausgedrückten Brötchen vermengen, dabei zwei Eier, den geriebenen Käse und fein gewürfelten Schinken untermischen.

3 Eine Zwiebel fein hacken, mit dem ebenfalls gehackten Knoblauch in zwei Löffeln Öl weich dünsten, die gehackte Petersilie damit vermischen und mit dem Oregano unter den Fleischteig arbeiten. Mit Salz und Pfeffer abschmecken. Diese Farce auf der Fleischfläche verteilen, rundum einen schmalen Rand lassen. Die restlichen Eier in 8 bis 9 Minuten nicht zu hart kochen, pellen, halbieren und in die Mitte betten. Das Fleisch von der Längsseite her aufrollen, dabei darauf achten, dass die Eier von Farce bedeckt sind. Nicht zu stramm wickeln, damit sich die Füllung ausdehnen kann. Die Rolle an den Seiten nach innen schlagen, mit Küchenzwirn wie ein Paket verschnüren.

4 In einem Bräter das restliche Öl erhitzen, den restlichen Speck in feine Streifen schneiden und darin auslassen, die Rolle in dieser Mischung langsam und geduldig rundum anbraten. Wenn sie überall schöne, goldene Bratspuren zeigt, die restliche gewürfelte Zwiebel und den Knoblauch sowie die ebenso fein gewürfelte Möhre, Lauch und Sellerie rundum streuen und mitrösten. Schließlich das Tomatenmark zufügen und kräftig anrösten, bevor mit Wein abgelöscht wird. Aufkochen! Den Bräter dann mit einem Deckel verschließen, den Braten entweder auf der Herdplatte auf kleinster Stufe oder im auf 110 °C vorgeheizten Backofen langsam knapp zwei Stunden schmoren. Nach der Hälfte der Zeit ab und zu überprüfen, und wenn zu viel Flüssigkeit verschmurgelt ist, mit einem Schuss Brühe loskochen.

5 Zum Schluss den Bratenfond entweder naturell lassen und als Sauce dazureichen. Oder, wer lieber eine cremige Sauce mag, ihn mitsamt dem Schmorgemüse aufmixen, dabei einen Schuss Olivenöl zufügen, der die Sauce zum Glänzen bringt.

BEILAGE

In Sizilien isst man dazu allenfalls etwas Weißbrot, mit dem sich auch die Sauce gut aufnehmen lässt.

GETRÄNK

Ein dichter, intensiver Rotwein, zum Beispiel ein fruchtiger Nero d'Avola, es passt aber auch sehr gut ein kräftiger Weißwein, etwa ein Chardonnay von Gerbino aus Westsizilien.

Rinderschmorbraten

Geradezu ein Sonntagsbraten! Wir nehmen ein Stück aus der Wade dafür, die wir uns beim Metzger haben vom Knochen lösen lassen. Es ist aber auch ein Stück aus der Schulter geeignet, zum Beispiel die Schulternaht, mit der charakteristischen gallertartigen Sehne in der Mitte. In der Gastronomie nehmen die Köche gern eine Ochsenbacke, aber an so etwas kommt unsereins nur selten heran. Das Fleischstück wird angebraten, in einer Mischung aus Schmalz und ausgelassenem Speck, es kommt fein gewürfeltes Wurzelwerk dazu, auch ein paar getrocknete Pilze für den Geschmack. Es wird mit Rotwein abgelöscht und zugedeckt je nach Größe des Stücks 2 bis 3 Stunden sanft geschmort. Eine halbe Stunde vor dem Ende der Garzeit fügen wir halbierte Champignons hinzu – wichtig dabei ist, dass der Schmorsud schön konzentriert und kräftig bleibt!

ZUTATEN

Für vier bis sechs Personen:

1,5 kg Wade (ausgelöst, am Stück)
100 g durchwachsener fetter Speck
2 EL Schweine- oder Butterschmalz
Salz
1 TL Pfefferkörner
evtl. 2-3 Longpepper oder Pimentkörner
½ TL getrocknete rosa Pfefferbeeren
je 1 Tasse sehr fein gewürfeltes Suppengrün: Möhre, Sellerie, Lauch und Zwiebel
3-4 Knoblauchzehen
½ bis ¾ l Rotwein (fruchtig und säurebetont, aber ohne zu viel Gerbsäure)
2-3 EL getrocknete Steinpilze
250 g Champignons
2 EL Butter

1 Das Fleischstück braucht man nicht in Form zu binden, wenn es wie gewachsen vom Röhrenknochen geschnitten ist und schön gleichmäßig aussieht.

2 In einem passenden Bräter den in feine Streifen geschnittenen Speck im Schmalz auslassen, in dieser Mischung das Fleischstück rundum schön langsam anbraten, dabei salzen und großzügig würzen – mit Salz bestreuen, die Pfefferkörner im Mörser fein zerstoßen.

3 Schließlich das Würzgemüse fein gewürfelt darumstreuen und mitrösten, bevor mit Rotwein abgelöscht wird. Zum Kochen bringen, die fein zerkrümelten Pilze zufügen. Dann den Deckel auflegen und auf nunmehr kleinstem Feuer oder im 110 °C vorgeheizten Backofen mindestens vier Stunden oder sogar noch länger langsam schmoren.

4 Nach der Hälfte der Zeit die Flüssigkeit überprüfen und gegebenenfalls einen kleinen Spritzer Wasser, Wein oder Brühe nachfüllen. Nicht zu viel, denn eine halbe Stunde, bevor der Braten gar sein wird, kommen die je nach Größe halbierten oder geviertelten Champignons hinzu, die ja für zusätzliche Flüssigkeit sorgen. Und die Sauce sollte dicht und würzig sein. Vor dem Servieren wird sie noch mal abgeschmeckt und die Butter in kleinen Flöckchen untergeschwenkt. Das gibt Bindung, Geschmack und Glanz!

BEILAGE

Feine schmale Bandnudeln und eine große Schüssel Salat.

GETRÄNK

Natürlich Rotwein, der besonders intensiv und würzig sein darf, ruhig eine Spur üppiger als der, mit dem gekocht wurde.
Wir haben einen Spätburgunder aus Franken vom Weingut Fürst dazu getrunken, der im Barrique ausgebaut wurde.

ZUTATEN

Für vier bis sechs Personen:

1 Lammschulter
(ca. 1 bis 1,5 kg)
3-4 EL Olivenöl
Salz
½ TL Pfeffer
2 Pimentkörner
1 Zwiebel
3-4 Knoblauchzehen
3-4 Selleriestängel
1 Kräuterstrauß aus Rosmarin, Thymian, Salbei und Lorbeer
½ l Weißwein
Brühe

Couscous:
1 kleine Zwiebel oder Schalotte
2 Knoblauchzehen
2 EL Olivenöl
je 100 g winzige Würfel von rotem und gelbem Paprika
100 g Couscousgrieß
Salz, Pfeffer
¼ l Fleisch- oder Gemüsebrühe
glatte Petersilie

Lammschmorbraten

Vor allem die Schulter ist hierfür gut geeignet. Den flachen Knochen lässt man drin, denn er sorgt dafür, dass das Fleisch schön saftig bleibt. Wer keinen ausreichend großen Schmortopf hat, legt die Schulter auf die tiefe Fettpfanne des Backofens. Im heißen Rohr, bei 250 bis 300 °C, lässt man sie zunächst etwa 20 Minuten anbraten. Danach muss dann erstens, der Backofen auf 110 °C heruntergeschaltet werden (Tür offen lassen, bis die überflüssige Hitze abgebaut ist) und zweitens, das Blech mit extrastarker Alufolie sehr gut abgedeckt werden, damit darin tatsächlich feuchte Hitze entstehen kann.
Bei der Zubereitung im Bräter zerlegt man die Schulter einfach jeweils im Gelenk in drei Teile und kann sie dann zunächst auf dem Herd in Olivenöl anbraten, bevor reichlich gehackte Zwiebel, Knoblauch und etwas Bleichsellerie drum herum gelegt wird. Schließlich mit Weißwein ablöschen und langsam gar schmoren. Beim jungen Lamm dauert das nicht so lang, nach 1¼ Stunden ist das Fleisch zart. Der Schmorsud wird nach Belieben zur gebundenen Sauce aufgemixt oder einfach so belassen.

1 Die Lammschulter in heißem Olivenöl rundum anbraten. Mit Salz und den frisch zermörserten Würzkörnern würzen. Sehr fein gewürfelte Zwiebel und Knoblauch sowie Selleriestängel mitrösten. Bevor das Gemüse zu dunkel bräunt, den Kräuterstrauß zufügen und mit

Wein ablöschen. Zugedeckt auf kleinster Hitze oder im Backofen bei 110 °C 1½ bis 2 Stunden gar schmoren.

2 Zum Servieren das Fleisch von den Knochen lösen und in Scheiben schneiden. Auf einer tiefen Platte anrichten, mit dem Schmorsud übergießen. Man belässt ihn nach Belieben entweder natur oder mixt ihn zu einer glatten gebundenen Sauce auf.

BEILAGE

Ein würziger Couscous. Dafür in einer Kasserolle die fein gewürfelte Zwiebel, den durch die Presse gedrückten Knoblauch in etwas Olivenöl andünsten. Paprikawürfel zufügen und den Couscousgrieß hineinstreuen. Die Brühe angießen und einige Minuten köcheln, bis der Couscous alle Flüssigkeit aufgenommen hat. Neben dem Feuer zugedeckt ausquellen lassen.

GETRÄNK

Ein kraftvoller Rotwein, etwa ein Sangiovese aus der Maremma. Oder ein Tee aus frischer Minze: Einfach ein kleines Sträußchen in eine Kanne legen und mit fast kochendem Wasser aufbrühen. Kurz ziehen lassen. Am besten ohne Zucker genießen, dann passt das Getränk besonders gut zum würzigen Essen!

ZUTATEN

Für vier bis sechs Personen:

1,5 kg gepökelte, angeräucherte ausgelöste Schweineschulter (Schäufele)
2 EL Schweineschmalz
2 EL Butter
2 Zwiebeln
2 Knoblauchzehen
1 reife Ananas (sie muss duften!)
Salz
½ TL Pfeffer
1 TL rosa Pfefferbeeren

Schinkenschmorbraten mit Ananasduft

Irgendwann ist ja ein jedes Gericht mal aus einer guten Idee entstanden. Und dann ist es oft im Laufe der Zeit verhunzt worden, bis es endlich gottlob vergessen wurde. So ähnlich ist es dem berühmten Hawaiischnitzel gegangen – die Sache mit der Ananasscheibe aus der Dose auf dem zähen Schnitzel, wissen Sie noch? Dabei ist die Kombination von Schweinefleisch, sogar Schinken, also gepökeltem Schweinefleisch, mit dem Fruchtaroma der Ananas wirklich köstlich. Zum Beispiel so: Wir nehmen eine gepökelte Schweineschulter, sie wird in Schmalz rundum angebraten, dann mit Ananassaft abgelöscht (natürlich nicht aus der Dose, sondern im Mixer aus frischer Ananas hergestellt), gut gepfeffert, Zwiebel drum herum und langsam geschmort. Nach 1¼ bis 2 Stunden ist das Fleisch sanft, zart und vom Fruchtaroma durchdrungen. Beim Anschneiden muss die Schnittfläche saftig glänzen!

1 Das Schulterstück im heißen Schmalz rundum sanft anbraten, dabei einen Löffel Butter darauf schmelzen lassen, außerdem fein gehackte Zwiebel und Knoblauch mitschmurgeln lassen.

2 Die Ananas schälen – dabei großzügig arbeiten: Mit einem scharfen, langen Messer die Augen herausschneiden und auch in der Mitte den harten Kern entfernen. Die Ananas im Mixer pürieren, dabei die gleiche Menge Wasser zufügen. Mit der Hälfte dieses Safts das Fleisch ablöschen und 1 1/2 Stunden zugedeckt schmoren, und nach der Hälfte der Zeit so viel vom restlichen Saft angießen, dass die Sauce eine schöne Konsistenz hat. Zum Schluss das Fleisch in dünne Scheiben schneiden und auf einer Platte anrichten. Den Schmorsud mitsamt den Zwiebeln glatt mixen, dabei einen Löffel Butter für den Glanz untermixen.

BEILAGE

Frisches Kartoffelpüree (Seite 21) und Kressesalat, der mit einem Schuss Zitronen- und Ananassaft und ganz wenig Olivenöl angemacht ist.

GETRÄNK

Ein aromatischer Weißwein, zum Beispiel eine Muskateller Spätlese. Wir haben eine vom Weingut Adelmann, Kleinbottwar/Württemberg, getrunken.

TIPP

Wie alle Schmorbraten ist auch dieser am nächsten Tag kalt genossen ein großes Vergnügen. Dünn aufgeschnitten – besser als jeder gekochte Schinken!

Ostern

Kleine Kuchen zum Kaffee
Schnell, süß, unwiderstehlich!

Es ist doch immer wieder schön, wenn man das Gebäck zum Kaffee selber bäckt. Appetitlicher Duft durchzieht das Haus und weckt bei jedem die Lust auf Süßes und eine gemütliche Kaffeestunde. Damit man diesem Gefühl einigermaßen spontan nachgeben kann, haben wir Rezepte ausgetüftelt, die nicht so schrecklich aufwändig sind, sondern im Gegenteil so einfach, dass man sie leicht nachbacken kann. Selbst weniger erfahrene Bäcker können sich hiermit garantiert ein Erfolgserlebnis verschaffen.

Alles, was das Backen leichter macht

Backpapier: Praktisch, weil es das Einfetten erspart und sich immer alles gut ablösen lässt. Entweder tatsächlich Papier verwenden oder, das ist in vielen Fällen noch praktischer, die Dauerbackfolie aus einem hitzebeständigen Kunststoffmaterial. Lässt sich einfach abwaschen und ist erheblich stabiler, kann also immer wieder verwendet werden. Man muss allerdings aufpassen: Mit Messern darf man dem Ding nicht zu Leibe rücken.

Backformen: Sind heutzutage mit Teflon beschichtet, was ebenfalls eine große Erleichterung ist, oder sie sind sogar vollständig aus Silikon. Hier drin bleibt garantiert nichts mehr hängen, und hinterher ist alles schnell gespült, weil nichts einbäckt und sich festsetzt. Schön sind die kleinen Förmchen (Muffinförmchen), die man übrigens durchaus nicht nur für Muffins verwenden kann. Es lassen sich auch hübsche kleine Tarteletts und Törtchen damit produzieren, wenn man den Teig nur oben leicht einlegt und nicht bis zum Boden herunterdrückt.

Backpinsel: Auch die sind heutzutage aus Silikon oder Teflon, deshalb einfacher zu reinigen und einfacher in der Handhabung, weil nichts mehr klebt.

Die wichtigste Zutat: Mehl

Mehl ist fein gemahlenes Getreide und für uns eine ebenso wichtige wie geheimnisvolle Zutat. Wenn ganz allgemein von Mehl die Rede ist, ist fast immer Weizenmehl gemeint, und zwar solches vom Weichweizen. Hartweizen wird bei uns selten angebaut (er braucht viel Hitze und sonniges Klima) und ist daher hier weniger gebräuchlich, es sei denn zur Herstellung von Nudelteig oder für spezielles Brot.

Verschiedene Typen

Unser Haushaltsmehl trägt auf der Tüte die Bezeichnung Type 405, häufig kommt Type 550 vor, dann 630, und diese Ziffer steigt dann rasch, von 812 bis 1050 und 1600 und 1700 (Dinkel).
Mit der Typenbezeichnung wird das Gewicht der noch im Mehl vorhandenen Mineralstoffe angegeben. Je niedriger diese Zahl, desto niedriger ist deren Anteil, also umso weißer ist das Mehl. Man misst diesen Mineralstoffgehalt übrigens in Milligramm in der Asche, die übrig bleibt, wenn man 1 Kilo Mehl verbrennt.

Wenn man bei Weißmehl (Type 405) und dunklerem Mehl bis zum ganz dunklen und mineralstoffreichen Mehl Type 1600 vom Ausmahlungsgrad spricht, meint man damit also die Inhaltsstoffe, nicht die Feinheit des Mehls. Diese wird vielmehr durch folgende Prädikate ausgedrückt: glatt, also absolut fein, wie unser übliches Haushaltsmehl, griffig, mit einer etwas gröberen Struktur, vor allem in Süddeutschland für Strudel oder Spätzle begehrt, der noch gröbere Dunst (auch doppelgriffiges Mehl) und schließlich der ganz grobe Grieß.
Das Wort Auszugsmehl besagt übrigens, dass dieser Teil von den übrigen Bestandteilen, die einen höheren Aschegehalt besitzen, abgetrennt, also ausgezogen wurde.

Welches Mehl wofür?

Für die Mehrzahl der Kuchen ist Type 405 ideal. Es ist das hellste Mehl mit den besten Klebereigenschaften, die nötig sind für einen feinporigen Teig. Helles Brot, Brötchen oder Kleingebäck, das gut aufgehen soll, lässt sich vorzüglich mit Type 550 backen – das man auch in der Variante »durchgemahlen« bekommt. Hierzu ein Tipp vom Fachmann: Für Mehl der Type 550, das fast immer durchgemahlen wird, nimmt man im Allgemeinen eine bessere Rohstoffmischung, man bekommt also ein Mehl besserer Qualität! Die etwas dunklere Type 812 nimmt man für helle oder dunkle Mischbrote. Für noch dunklere Teige ist Type 1050 geeignet. Hier muss man bereits beim Zubereiten etwa 10 Prozent mehr Flüssigkeit als gewohnt zugeben. Und bei Kuchen, Broten oder Teigwaren,
die aus Vollkornmehl hergestellt werden, muss man sogar gut 20 Prozent mehr Flüssigkeit rechnen. Übrigens kann man natürlich alle Typen mischen.

ZUTATEN

Für sechs Personen:

1 Ei
gut 0,4 l Milch
150 g Zucker
45 g Honig
250 g fein gequetschter (gemahlener) Mohn
125 g Kuchenbrösel (oder Semmelbrösel)
Zitronenschale und Zimt
etwas Nelkenpulver
1 Prise Salz
1 Rolle Blätterteig und Strudelteig oder selbstgemachter Mürbteig, s. S. 61

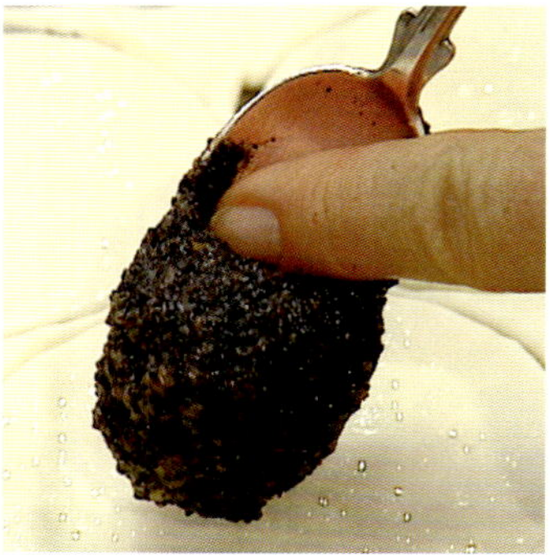

Mohnkrapfen

Dafür nehmen wir einen fertigen Teig, wie wir ihn in der Kühltruhe finden – das kann ein Mürbteig sein, den man auf der Rolle kaufen kann. Ein Blätterteig bietet sich ebenso an, und sehr pfiffig ist der hauchdünne türkische (oder griechische) Filoteig. Die Füllung ist ebenfalls schnell gemacht: Gemahlener Mohn wird gekocht, mit Zucker und Honig gesüßt, schließlich auf Teigkreise gestrichen, zusammengeklappt und gleich gebacken.

1 Das Eigelb mit zwei, drei Esslöffeln Milch verquirlen. Die restliche Milch mit Zucker und Honig aufkochen, den Mohn, die Brösel und die Gewürze einrühren. Erneut zum Kochen bringen, gründlich rühren, bis ein dicker Brei entstanden ist. Abkühlen und quellen lassen.

2 Den Teig ausbreiten, mit einem Glas oder einem runden Ausstecher Kreise von acht bis zehn Zentimetern Durchmesser ausstechen. Die Teigkreise mit Eiweiß einpinseln, je einen Teelöffel Füllung auf eine Hälfte setzen, dann zu Halbmonden zusammenklappen und rundum gut zusammendrücken. Eventuell mit einer Gabel markieren.

3 Die Krapfen auf ein Blech mit Backpapier setzen. Mit dem mit Milch verquirlten Eigelb einpinseln. Bei 180 °C etwa 15 Minuten goldbraun backen.

GETRÄNK

Eine heiße Schokolade nach Großmutters Art: Das ist ein Genuss, wie man ihn nicht alle Tage bekommt: 1/4 l Milch aufkochen, 30 g Schokolade hineinbröckeln und vorsichtig auflösen, eventuell mit einem Löffel Honig süßen, nach Gusto mit einem Schuss Rum/Cognac würzen und mit ungesüßter Schlagsahne krönen. Himmlisch!

ZUTATEN

Für sechs Personen:

Hefeteig:
500 g Mehl
1 Würfel Hefe (42 g)
ca. ⅛ l Milch
1 EL Zucker
3 Eier
120 g Butter
1 Prise Salz
abgeriebene Zitronenschale

Brioche & Hefezopf

Es geht doch nichts über duftiges, krumiges Hefegebäck! Das allerdings lässt sich leider nicht im Handumdrehen bewerkstelligen, Hefe will Zeit und Muße haben. Aber wir können vielleicht diesbezügliche Bedenken verscheuchen, denn man braucht wirklich keine Angst vorm Hefeteig zu haben. Nach diesem Rezept gelingt er garantiert! Den Teig muss man allerdings lange gehen lassen – und zwar länger, als man denkt! In die Füllung kommen reichlich gemahlene Nüsse, eingeweichte Rosinen, Honig ... Sie wird eingeflochten, dann gebacken – das Ergebnis ist unwiderstehlich zum Kaffee. Unser Grundrezept für den Teig ist völlig neutral, man kann ihn also zu Süßem wie zu Salzigem genießen.

1 Mehl in die Rührschüssel der Küchenmaschine füllen. Die Hefe mit einem guten Schuss warmer Milch anrühren, in das Mehl kippen und zugedeckt 10 Minuten gehen lassen; das ist der so genannte Vorteig. Dann die Maschine einschalten, nach und nach Zucker, Eier, flöckchenweise die weiche Butter sowie so viel von der restlichen lauwarmen Milch zufügen, bis der Teig weich genug ist. Mit der Salzprise und Zitronenschale würzen, die Maschine arbeiten lassen, bis der Teig sich glatt vom Schüsselrand löst. Zugedeckt eine Stunde gehen lassen.

TIPP

Wer Zeit hat, kann den Teig schon am Vortag ansetzen; dann braucht man keinen Vorteig, sondern verrührt alle Zutaten sofort mit den Knethaken des Handrührgeräts zu einem geschmeidigen Teig und stellt ihn in einem dicht verschlossenen und ausreichend großen Behälter (der Teig braucht Platz, um aufzugehen!) oder in einer großen Plastiktüte bis zum nächsten Tag in den Kühlschrank. Dann den Teig noch einmal kräftig auf der bemehlten Arbeitsfläche durchwalken.

ZUTATEN

Nussfüllung:
200 g Haselnüsse
100 g brauner Zucker
1 EL Butter
ca. 2 gehäufte EL Semmelbrösel
abgeriebene Schale von ½ Zitrone, Zimt
etwa ⅛ l Sahne
1 EL Honig
2 EL Rosinen

Außerdem:
1 Ei
2 EL Milch oder Sahne

TIPP

Weil im Hefeteig mit Zucker gespart wurde, kann man daraus wundervolle Brioches backen, die typisch elsässischen mit dem Kügelchen in der Mitte, die auch zu Salzigem bestens passen – zum Beispiel zur Blut- und Leberwurst. In diesem Fall kann man zusätzlich mit Salz und Pfeffer würzen. Und als Getränk gibt's dann natürlich ein frisches Pils dazu!

2 Inzwischen für die Füllung die Haselnüsse in der trockenen Pfanne so lange rösten, bis sie duften, dabei immer wieder rütteln und schütteln, damit sie gleichmäßig bräunen. Im Zerhacker zusammen mit dem Zucker fein zerkleinern (notfalls in zwei Portionen). Die Butter in der Pfanne schmelzen, die Semmelbrösel darin rösten, dabei mit Zitronenschale und Zimt würzen, dann Honig und Sahne zufügen. Haselnüsse und Rosinen unterrühren. Die Masse abkühlen und quellen lassen.

3 Den Teig schließlich auf der bemehlten Arbeitsfläche fingerdick zu einem Rechteck ausrollen. Längs in drei gleich große Streifen schneiden. Die Füllung in die Mitte eines jeden dieser Streifen setzen, mit einem Löffel oder, noch besser, mit Hilfe eines Spritzbeutels. Die Streifen einrollen und zu einem Zopf flechten. Auf ein mit Backpapier oder Backfolie belegtes Blech betten. Mit dem Eigelb einpinseln, das mit etwas Milch verquirlt wurde. Bei 200 °C (Heißluft) etwa 35 Minuten goldbraun backen.

GETRÄNK

Der Hefezopf schmeckt unwiderstehlich zum Frühstückskaffee! Am Nachmittag passt aber auch ein Glas Moscato d'Asti, ein fruchtigsüßer Sekt aus Italien, der in flachen Sektschalen am besten zur Geltung kommt.

Zitronentörtchen

Sie sind dank ihrer Säure herrlich erfrischend, aber auch ein heftiger Angriff auf die Linie: Mit reichlich Butter im Teig sowie im Belag ist dies leider kein Diätrezept. Aber mal ehrlich: Wer isst schon Kuchen zum Abnehmen?
Wir brauchen noch mal einen Mürbeteig – man kann ihn zwar fertig kaufen, aber er ist doch fast ebenso schnell gemacht, und dann schmeckts noch besser! Butter, Mehl, Zucker und Ei zusammenkneten; ausruhen lassen und dann ausrollen. Kreise ausstechen und lose über die Vertiefungen des Muffinblechs legen und nur ganz behutsam höchstens zwei Zentimeter tief vorsichtig hineindrücken, so dass der Teig über der Vertiefung schwebt. Jetzt die Füllung rein – Eigelb, Zitronensaft, Zucker und Butter – und backen. Schmeckt zum Süchtigwerden gut!
Übrigens: Ganz wichtig ist, dass Sie für den Guss Süßrahmbutter nehmen; Sauerrahmbutter flockt aus, mit all dem vielen Zitronensaft, und wird grisselig.

1 Alle Teigzutaten von Hand oder mit der Küchenmaschine zusammenkneten. In Folie gehüllt eine halbe Stunde kalt stellen – nicht länger, sonst ist die Teigkugel zu fest und lässt sich nicht mehr verarbeiten!

ZUTATEN

Für sechs Personen:

(1 Tarte- oder Springform von 26 cm Durchmesser oder 1 Muffinblech mit 12 größeren bis 24 kleinen Vertiefungen)

Mürbteig:
250 g Mehl
125 g Butter
100 g Zucker
1 kleines Ei
1 Salzprise
Zitronenschale
Vanillezucker

Zitronenguss:
3 taufrische Eier
100 g Zucker
2 Zitronen
150 g Süßrahmbutter
100 g gemahlene Mandeln

2 Schließlich ausrollen – am besten auf dem aufgeschlitzten Gefrierbeutel als Unterlage. Mit dieser Unterlage kann man dann das Teigrund bequem über die Form heben, wenn man den Kuchen in einer Springform backt, und diese damit auskleiden (siehe die Bilder auf Seite 173). Den Teig rundum schön festdrücken, den Rand etwa zweifingerbreit hochziehen. Das Muffinblech wie zuvor beschrieben auskleiden.

3 Eier, Zucker, Zitronensaft, etwas Zitronenschale, die zerlassene Butter und die gemahlenen Mandeln miteinander gründlich verquirlen. In die vorbereiteten Förmchen/die Form gießen.

4 Im auf 220 °C vorgeheizten Backofen (möglichst Unterhitze) auf der untersten Schiene 30 Minuten backen, bis der Teig knusprig und der Belag gestockt ist. Auskühlen lassen.

GETRÄNK

Prickelnder Sekt, zum Beispiel ein extra trockener Winzersekt, oder auch ein moussierender Apfelwein. Sehr gut passt natürlich auch ein Gläschen Zitronenlikör.

ZUTATEN

Für 1 Springform von 26 cm Durchmesser oder 24 kleine Muffinförmchen (à 5 cm Durchmesser):

100 g Bitterschokolade (70 % Kakaoanteil)
100 g Butter
50 g Mehl
100 g Zucker
3 Eier
Butter zum Ausfetten der Förmchen
Kakaopulver zum Bestäuben

Schokotörtchen

Ein Törtchen, das ohne Teigboden auskommt: Und diese Törtchen sind besser als jedes Konfekt! Sie sind krümig und schmelzend zart, Schokolade at its best!

1 Schokolade schmelzen (bitte eine erstklassige Sorte nehmen!), dabei die Butter unterrühren. Sobald sich alles glänzend und innig verbunden hat, Mehl, Zucker und Eier glatt rühren und mit der Schokoladenbutter gut vermischen.

2 Diesen flüssigen Teig in die ausgebutterten Förmchen verteilen. Bei 170 °C (Umluft) etwa 10 Minuten backen (in der großen Form ca. 20 Minuten). Abkühlen lassen, mit Kakaopulver überpudern.

GETRÄNK

Dazu gibt's einen edlen süßen Wein, zum Beispiel aus Banyuls oder/ und einen starken, heißen Espresso. Oder einen Pedro Ximenes, einen süßen konzentrierten Wein aus der Rebsorte, aus der man Sherry macht.

Rauke

Rauke = Rucola – Vom Unkraut zum Küchenstar

Die Rauke ist ein bei uns seit Urzeiten bekanntes Kraut, über das unsere Altvorderen gern mächtig geschimpft haben, wenn es sich in den Garten eingeschlichen hatte. Denn ein einziges Samenkorn, einmal hergeflogen, verbreitet sich in so rasender Geschwindigkeit, dass die Rauke deshalb als Unkraut betrachtet wurde. Dieser Einstellung begegnet man ja auch heute noch allenthalben: Was umsonst ist, ist nix wert!

Vermutlich hat man früher die Rauke nicht zu schätzen gewusst, weil man sie nicht als zartes junges Blättchen gekostet hat, sondern erst einmal ordentlich hat wachsen lassen. Was aus dem Samenkorn sprießt, kann man jedoch schon nach gut vier Wochen essen; dann ist das Blatt zart und sein Geschmack leicht nussig, mit bitteren Anklängen, herzhaft und erfrischend. Nach einem halben Jahr ist eine knapp meterhohe Pflanze daraus geworden, deren robuste, zähe Blätter scharf nach Senf schmecken, stark bitter und überhaupt nicht

köstlich. Aus den kleinen gelben Blüten entstehen wieder jene schwarzen Samenkörnchen, die ebenfalls deutliche Senfschärfe aufweisen.
Rauke wurde eigentlich erst vor rund 15 Jahren bei uns als Delikatesse entdeckt. Erst seit wir Deutsche gesehen haben, dass die Italiener und die Franzosen Rauke als besonders feines Salatkraut betrachten, akzeptieren wir es auch: Seitdem heißt es *rucola*, wie die Italiener dazu sagen, oder *roquette* wie bei den Franzosen, und wir können kaum genug davon kriegen.

Tipps für den Einkauf und Umgang

Rauke gibt es inzwischen absolut selbstverständlich auf allen unseren Märkten, in Feinkostgeschäften und sogar im Supermarkt. Man findet zwei Sorten: die schmalen, lanzettförmigen dunkelgrünen Blätter der so genannten wilden Rauke (Bild links) und die helleren, eher rund geformten Blätter der Gartenrauke (Bild rechts), einer Zuchtform, die ein wenig milder schmeckt. Die Blätter wirken beim Draufbeißen fett, und tatsächlich enthalten sie ätherische, würzige Senföle. Das lässt sie empfindlich reagieren, wenn sie mit Öl in Berührung kommen. Eine allzu ölreiche Salatsauce bewirkt daher, dass die Blätter schnell zusammenfallen. Auch dürfen sie nicht zu lange mit einer Salatmarinade vermischt herumstehen, die Blätter nehmen das übel und werden lasch.
Es versteht sich, dass man nur frische Blätter kauft, keine angewelkten oder gar bereits gelb gefärbten. Sie werden häufig gebündelt angeboten, aber auch lose, meist zwecks besserer Haltbarkeit in Folie gehüllt. Treibhausware besteht manchmal aus mehr Stiel als Blättern. Es macht viel Mühe, sie alle abzuknipsen, aber ausschließlich auf den Stielen herumzukauen ist durchaus kein Vergnügen. Kaufen Sie in einem solchen Fall lieber woanders, wo bessere Qualität angeboten wird.

Achtung: Blätter, die auf Grund von Lichtmangel zu länglich gewachsen sind, sind nicht zu empfehlen: Unter diesen Bedingungen lagert die Rauke nämlich besonders viel Nitrat ein, das im Körper in das als Krebs erregend geltende Nitrit umgewandelt wird. Daher ist sie dann auf keinen Fall in ganzen Portionsmengen für Kleinkinder und Senioren geeignet, sondern höchstens als würzende Zutat im Salat.
Wenn man Rucola ein paar Tage aufbewahren will, sollte man sie in eine Plastiktüte packen. Besser noch ist es, sie lose im Gemüsefach des Kühlschranks aufzubewahren und mit einem feuchten Tuch bedeckt vor dem Austrocknen zu schützen.
Ansonsten macht Rucola in der Küche wirklich nicht viel Mühe. Zu lange Stiele der gebündelten Blätter lassen sich einfach durch einen

energischen Messerschnitt kürzen. Falls die Blätter bei der Ernte sorgfältig gepflückt wurden, genügt es meist, sie einfach ein paar Mal in immer wieder frischem Wasser zu waschen.

Praktisch: Die Salatwaschmaschine

Eine absolut geniale Erfindung: die Salatwaschmaschine. Sie sieht aus wie eine Salatschleuder, besitzt jedoch einen entscheidenden Unterschied: Der Boden der Schüssel ist ein Sieb. Darin sitzt das Salatsieb, in das man die zu waschenden Blätter füllt. Im Deckel befindet sich die Schleuderschnur und, das ist wichtig, ein Loch. Dort hinein lässt man Wasser laufen, währenddessen zieht man immer wieder an der Schleuderschnur, die das Innensieb hin- und herdreht. So werden die darin befindlichen Blätter im ständig hinzu laufenden Wasser umhergewirbelt, und durch das Sieb im Boden kann das Wasser wieder abfließen. Selbstverständlich stellen Sie für diesen Waschvorgang das Ding in das Spülbecken – ein paar Mal ziehen, schließlich den Wasserhahn wieder schließen und nunmehr die Blätter durch erneutes Ziehen trocken schleudern: fertig! Eine große Schüssel Salat- oder Kräuterblätter ist auf diese Weise mühelos gewaschen und verzehrbereit!

Rucola: Würzkraut, Salat oder Gemüse?

Es ist tatsächlich alles drei: Botanisch gehört die Pflanze zur Familie der Brassicaceae, das sind die so genannten Kreuzblütler oder Kohlgewächse. Die Samen enthalten Senföle, die übrigens als Aphrodisiakum gelten. Die dunkelgrünen, länglichen, gezackten Blätter schmecken umso deutlicher danach, je älter sie sind. Man isst sie also lieber jung. Oft mischt man sie mit anderen jungen Kräuter- oder Salatblättern. In Frankreich gehören sie zum Beispiel in die so genannte *salade mesclun*, einer Mischung aus allem, was im Frühjahr gerade an Schnittsalat im Garten ist. Weil man früher nur die zarten, jungen Blätter aß, gab es in Italien Rucola ausschließlich im Frühjahr. Erst seit man gelernt hat, die Jahreszeiten zu überlisten und immer wieder neu anzusäen, die Pflanzen dann entsprechend zu schattieren und vor zu großer Sonne zu schützen, findet man Rucola auch im Sommer auf dem Speisezettel.

Tipps für den Gärtner

Rauke lässt sich kinderleicht selber ziehen. Sogar im Blumenkasten oder im Topf. Den Samen dazu finden Sie in jedem Gartencenter.

Butterbrot mit Rauke

Natürlich braucht man dazu kein Rezept: Pro Person eine Scheibe frisches Bauernbrot nach Gusto dick mit guter Butter bestreichen. Reichlich gehackte Rauke darauf betten, eventuell auch noch mit in feine Ringe geschnittener Schalotte belegen. Für den kleinen Hunger zwischendurch genau das Richtige!

GETRÄNK

Je nachdem, ob man noch sein Tagwerk vor oder bereits hinter sich hat, ein kühles Bier, Apfelsaft oder – passt prima! – eiskalte Molke!

Spaghetti mit Rauke

Einfach, aber verblüffend gut: Rohe Tomaten und Rauke verleihen Frische, Chili sorgt für Feuer und grob gehackte Mandeln geben Biss.

ZUTATEN

Für vier Personen:

350 g dünne Spaghetti
Salz
3 Fleischtomaten
100 g Rauke
4 EL bestes Olivenöl
Pfeffer
2-3 EL gehackte Mandeln
2-4 Knoblauchzehen
1-2 getrocknete rote Chilis

Die Spaghetti in reichlich Salzwasser bissfest kochen. Inzwischen die Tomaten häuten, entkernen und in Würfel schneiden. Die gewaschene Rauke hacken. Beides mischen, mit zwei Löffeln Öl, Salz und Pfeffer anmachen. Das restliche Öl erhitzen, Mandeln, gehackten Knoblauch und zerbröselte Chilis hineingeben und kurz dünsten, die abgetropften Nudeln darin schwenken. Schließlich neben dem Feuer Tomaten und Rauke untermischen und sofort servieren.

GETRÄNK

Ein leichter Weißwein, ein Pinot Bianco etwa, aus Venetien oder Friaul. Oder auch ein fruchtiger junger Rotwein aus derselben Region.

TIPP

Spaghetti mit Rauke in tiefen, vorgewärmten Tellern servieren. Wer mag, reibt sich bei Tisch frischen Parmesan über seine Portion.

Rucolabutter

Wunderbar auf dem Steak oder Kotelett als besondere Kräuterbutter. Einfach köstlich auf geröstetem Baguette oder zu frischen Pellkartoffeln.

ZUTATEN

Für vier Personen:

150-200 g Rucola
200 g Butter
Salz
abgeriebene Zitronenschale
Cayennepfeffer
evtl. Knoblauch

1 Die Rucola waschen, verlesen, wenn nötig von zu langen Stielen befreien – allerdings würden sie in diesem Fall gar nicht so sehr stören, vorausgesetzt, sie sind zart und nicht allzu dick.
Die Rucola zwischen zwei Tüchern oder in der Salatschleuder gründlich trocknen.

2 Die Butter mit den Schneebesen des Handrührers schaumig rühren, mit Salz und abgeriebener Zitronenschale sowie einer Spur Cayenne würzen. Die sehr fein gehackten Rucolablätter zufügen und mit der Butter vermischen.

3 Noch einfacher: Zuerst die Butter in den Mixer füllen, kurz aufmixen, dann die nur grob zerschnittenen Kräuter zufügen und auf langsamer Stufe zu einer leuchtend grünen Butter verarbeiten. Den Knoblauch gleich zu Beginn mitmixen, die Butter mit Salz, Zitronenschale und einer Spur Pfeffer abschmecken.

TIPP

Die Butter zur Rolle formen und in Folie verpackt einfrieren. So lässt sich der sommerliche Duft bis in den Winter konservieren.

TIPP

Das Püree passt zu jeglichem kurzgebratenen Fleisch, vom Steak bis zum Kotelett. Aus einem gewöhnlichen Bratwürstchen macht es ein herrliches Essen und schmeckt natürlich auch vorzüglich zum Brathuhn, zum Schmorbraten, zu Rouladen oder Buletten.

ZUTATEN

Für vier Personen:

1 Portion Rucolabutter
800 g bis 1 kg mehlig kochende Kartoffeln
evtl. ca. 1/8 l Milch
Salz

Grünes Kartoffelpüree

Nicht nur eine fabelhafte Beilage, sondern zusammen mit Rucolasalat auch ein hübscher, leichter Imbiss!

1 Die Butter wie im vorigen Rezept beschrieben zubereiten. Die Kartoffeln als Pellkartoffeln gar kochen. Sie noch heiß pellen und durch die Kartoffelpresse in einen Topf drücken, sofort die grüne Butter zufügen. Mit einer Gabel behutsam vermischen, dabei so viel heiße Milch zufügen, bis das Püree die gewünschte Konsistenz hat.

2 Wichtig: Auf keinen Fall kräftig im Kreis rühren – die Kartoffeln werden sonst schmierig –, und schon gar nicht den Mixstab zu Hilfe nehmen, sondern alles sehr vorsichtig von oben nach unten mischen.

ZUTATEN

Für vier bis sechs Personen:

200 g Rucola
2 Hand voll gemischte Kräuter- und Salatblätter (glatte Petersilie, Kerbel, Kopfsalat, Feldsalat, Frisée usw.)
hauchdünn aufgeschnittene Scheiben Roastbeef, gepökelte Kalbszunge, Kalbsbraten oder gegarte Hähnchenbrust (insgesamt etwa 100 g pro Person)

Marinade:
1 Schalotte
1 TL Senf
1 TL Meerrettich (Glas)
2 EL Balsamicoessig
2 EL Weißweinessig
Salz, Pfeffer
4 EL erstklassiges Olivenöl (Extra vergine)

Gourmetsalat mit Roastbeef

Ihre Vielseitigkeit stellt Rucola in feinen Salaten unter Beweis – es gibt nämlich kaum etwas, was sich nicht mit ihr kombinieren lässt. Bunte Salate aus verschiedenen Blättern mit einem feinen Stück Fleisch, einem Fisch oder einem Frischkäse sind ein beliebter Auftakt bei einem eleganten Menü – oder, als doppelte Portion, eine ganze sommerleichte Mahlzeit. Auf einer großen Platte macht ein solcher Salat sogar bei einem Partybuffet eine Menge her.

1 Die Kräuter- und Salatblätter sorgsam verlesen, wenn nötig entstielen und waschen. Gut trocken schleudern und auf Salattellern dekorativ verteilen.

2 Die wirklich hauchdünnen Scheiben (das Fleisch kann ganz nach Vorrat und Belieben gewählt werden) hübsch auf diesem Salatbett anrichten. Es sieht besonders gut aus, wenn der Salat als Häufchen in der Tellermitte liegt und man die Scheiben locker rundum drapiert.

3 Für die Marinade die Schalotte fein würfeln, mit den übrigen Zutaten gründlich verquirlen – unbedingt einen Schneebesen oder einen Mixstab zu Hilfe nehmen, damit eine stabile Emulsion entsteht. Mit dieser Marinade die Fleischscheiben, aber auch die Salatblätter beträufeln. Dabei vorsichtig verteilen, damit der Salat nicht in Sauce ertrinkt. Alles soll nur mit einer Spur davon betupft sein.

Sofort servieren, damit die Salatblätter schön frisch bleiben. Dazu schmeckt geröstetes Fladenbrot aus dem türkischen Gemüseladen.

GETRÄNK

Wenn der Salat als Vorspeise gereicht wird, ein kräftiger Weißwein, zum Beispiel ein Riesling aus der Pfalz. Oder auch leichter Apfelwein, wenn es ein Mittagsimbiss ist.

Gourmetsalat mit Speck, pochiertem Ei und Knoblauch-croutons

Man kann sämtliche Bestandteile für diesen Salat schon am Nachmittag vorbereiten, dann muss man sie am Abend, wenn die Gäste da sind, nur noch dekorativ auf dem Teller zusammenbauen und kann sofort servieren.

1 Die Rucola putzen, verlesen, waschen und gut trocken schleudern. Auf Vorspeisentellern anrichten. Den Speck in feine Streifen schneiden. In einer Pfanne sanft, aber nachdrücklich ausbraten, auf Küchenpapier abtropfen lassen.

2 Im verbliebenen Bratfett die in halbe Zentimeter winzige Würfel geschnittenen Brotscheiben anrösten, und sobald sie das Fett aufgenommen haben, die Butter zufügen. Die Croutons goldbraun rösten, erst ganz zum Schluss den Knoblauch durch die Presse hinzudrücken. Er darf nicht mitgebraten werden, weil er leicht verbrennt und dann bitter schmeckt. Für die pochierten Eier das Wasser aufkochen, mit Essig säuern. Die Eier einzeln in eine Tasse oder Schöpfkelle

ZUTATEN

Für vier bis sechs Personen:

200 g Rucola
100 g durchwachsener, luftgetrockneter Bauchspeck in 2 mm dünnen Scheiben
2-3 Scheiben Weißbrot
2 EL Butter
1-2 Knoblauchzehen

Pochierte Eier:
1 l Wasser
3 EL Essig
4-6 absolut frische Eier

Marinade:
3 EL Apfelessig
Salz, Pfeffer
3-4 EL bestes Olivenöl
1 Bund Schnittlauch

gleiten lassen und von dieser ins siedende Wasser befördern. Es muss leise wallen, weil sonst das Eiweiß nicht rasch genug gerinnt, um eine schützende Hülle um das Eigelb zu bilden.

Wichtig: Die Eier sollten höchstens 5 bis 9 Tage alt sein, nur dann ist das Eiweiß fest um das Eigelb geschlossen und hat sich noch nicht verflüssigt.

3 Die Eier etwa 4 bis 5 Minuten pochieren, dann vorsichtig herausheben und auf Küchenpapier abtrocknen.

4 Zum Servieren in die Mitte des Salatbetts setzen, mit Speck und Croutons bestreuen und schließlich mit der Marinade beträufeln. Dafür alle Zutaten mit dem Schneebesen oder im Mixbecher aufschlagen.

5 Zum Schluss Schnittlauchröllchen darüber streuen, vor allem über das Ei – es sieht besonders hübsch aus, wenn man zum Servieren die Eier vorsichtig mit einer Gabel öffnet. Dann quillt langsam das eben noch dickflüssige Eigelb hervor, als leuchtender und appetitlicher Farbklecks.
Dazu passt am besten herzhaftes, krumiges Bauernbrot.

TIPP

Ein Trick, damit das Eiweiß sich schön gleichmäßig um das Eigelb schließt: Das Wasser mit dem Kochlöffel kräftig rühren, so dass ein Strudel entsteht. In dessen Mitte das Ei hineingleiten lassen; durch die rotierende Bewegung bleibt das Ei gut in Form.

GETRÄNK

Ein frischer, junger Rotwein – etwa Beaujolais oder Valpolicella. Außerdem böte sich als Weißwein ein Weißburgunder an; auch ein Rosé (Provence, Spätburgunder Weißherbst) kommt in Frage.

Gourmetsalat mit Mozzarella

Eine Abwandlung der immer wieder beliebten und klassischen Zusammenstellung in den italienischen Landesfarben – aber diesmal sowohl optisch wie vor allem geschmacklich eben doch ganz anders!

1 Die Rucola putzen, verlesen, waschen, wenn nötig auch entstielen. Die Blätter jeweils auf Salattellern dekorativ verteilen. Die kleinen Käsekügelchen nur halbieren, die großen in Scheiben schneiden und auf dem Rucolabett anrichten.

2 Die Tomaten mit kochendem Wasser überbrühen, eiskalt abkühlen, um die Farbe zu stabilisieren und vor allem den Garprozess unter der Haut sofort zu stoppen – so bleibt das Tomatenfleisch appetitlich rot und schön fest! Die Tomaten enthäuten, entkernen, das Fleisch sehr exakt in kleine Würfel schneiden. Lose über den Tellern verteilen.

3 Die Tapenade mit Essig verquirlen, salzen, pfeffern und das Öl unterschlagen. Diese Marinade so auf dem Teller verträufeln, dass die schwarzen Flecken, die sie macht, dekorativ wirken. Dazu krumiges italienisches oder Fladenbrot reichen. Sofort servieren, damit die schwarzen Marinadeflecken kein optisches Unheil anrichten können.

GETRÄNK

Ein Rosé aus der Provence.

ZUTATEN

Für vier bis sechs Personen:

200 g Rucola
ca. 12-15 Minikügelchen vom Büffelmozzarella (oder drei größere Kugeln, insgesamt ca. 300 g)
2-3 reife, duftende Fleischtomaten
3 EL Olivenpaste (Tapenade)
2 EL Rotweinessig
Salz, Pfeffer
4 EL Olivenöl (Extra vergine)

ZUTATEN

Für vier Personen:

3 Eier
3 EL Mehl
3 EL frisch geriebener Parmesan
2 Hand voll Rucola
Salz, Pfeffer
Butter zum Braten

TIPP

Wenn man die Fritelle für eine größere Gästeschar vorbereiten möchte, legt man die fertig gebratenen Küchlein nebeneinander dicht an dicht auf ein Backblech und backt sie vor dem Servieren noch mal im 220 °C heißen Backofen wenige Minuten auf. So sind sie wieder warm und knusprig!

Fritelle mit Rucola

Herrlich zum Glas Wein als Imbiss oder zum Aperitif. Man kann sie wunderbar mit der Hand essen – Servietten nicht vergessen!

1 Die Eier in einer Schüssel mit Mehl und Käse verquirlen. Die geputzte, verlesene, sorgfältig gewaschene Rucola fein hacken und unterrühren. Die Masse mit Salz und Pfeffer würzen.

2 In einer beschichteten Pfanne einen Löffel Butter erhitzen, jeweils esslöffelweise Kleckse vom Teig hineinsetzen und flach streichen. Diese kleinen Küchlein auf beiden Seiten goldbraun backen. Auf einer Platte anrichten. Eventuell hauchdünn aufgeschnittenen Schinken oder herzhafte Wurst dazu reichen.

GETRÄNK

Ein frischer Muscat aus dem Elsass, ein prickelnder Aperitif-Sekt oder Champagner.

Tortilla mit Kartoffeln und Rucola

In exakte Rauten oder Würfel geschnitten ein ebenso origineller wie appetitlicher Bissen zum Glas Wein.

1 Die Zwiebel fein würfeln, Knoblauch hacken und in einer beschichteten Pfanne (22 cm Durchmesser) in 2 Esslöffeln heißem Öl andünsten. Kartoffeln schälen, in Scheiben schneiden und zufügen. Alles gut durcheinander mischen und dabei vollkommen durchwärmen. Mit Salz und Pfeffer würzen.

2 Die Eier in einer Schüssel verquirlen, den Pfanneninhalt zugeben und alles gut mischen. Das restliche Öl in der Pfanne erhitzen, den gesamten Pfanneninhalt zufügen. Auf mildem Feuer etwa 20 Minuten braten, bis die Eiermasse fast gestockt ist.

3 Die Tortilla schließlich wenden: Dafür entweder einen flachen Pfannenwender nehmen oder einen möglichst glatten Topfdeckel oder Teller. Die Tortilla noch etwa 5 Minuten auch auf der zweiten Seite sanft bräunen – innen sollte sie jetzt noch einen feuchten Kern haben. Die Tortilla schmeckt warm, dazu ein Salat. Sie schmeckt aber auch fabelhaft kalt.

GETRÄNK

Rot- oder Weißwein – dies ist ein bäuerliches Gericht, das ebenso gut von einem einfachen Landwein wie von einem großen Gewächs begleitet werden kann!

TIPP

Die Tortilla nicht in den Kühlschrank stellen. Die Kartoffeln, die darin eine Hauptrolle spielen, nehmen die Kühlschrankkälte nämlich übel. Darum lieber gleich aufessen und nicht für den Vorrat zubereiten.

ZUTATEN

Für vier bis sechs Personen:

1 Zwiebel
2-3 Knoblauchzehen
3 EL Olivenöl
500 g frisch gekochte Kartoffeln
Salz, Pfeffer
5 Eier
2 Tassen Rucola

Erdbeeren

Süße Früchtchen: Erdbeeren Konfekt, Desserts & Konfitüre

Stimmt: Erdbeeren gibt's inzwischen das ganze Jahr. Auf dem Silvesterbuffet, auf der Ostertorte, im Weihnachtsmenü zum Dessert. Aber sperren Sie einfach mal die Nase auf, wenn Sie zur richtigen Erdbeerzeit über den Markt oder im Supermarkt am Obststand vorbeigehen. Diesen verführerischen, betörenden Duft haben die süßen roten Früchte eben nur, wenn sie ausgereift geerntet wurden. Dann ist der ganze Raum davon erfüllt, wenn Sie die Früchte zu Hause auspacken und jeder, der den Duft wahrnimmt, bekommt jenen schwärmerischen Gesichtsausdruck, den alle glücklichen Kindheitserinnerungen hervorzaubern.

Für die Händler haben diese großartigen, reifen, duftenden Erdbeeren einen großen Nachteil: Sie müssen schnell zum Verbraucher und dürfen auf keinen Fall länger als ein, zwei Tage in seinem Kühlhaus liegen, sonst verlieren die Früchte ihren Glanz. Sie werden matt und stumpf und der verführerische Duft verfliegt.
Perfekt sind Erdbeeren also nur in ihrer kurzen Saison und nur, wenn sie nicht allzu weit haben reisen müssen. Am besten schmecken sie daher vom Gärtner nebenan (oder selbst gepflückt auf der Plantage) – dann können sie wirklich an der Pflanze in der Sonne ausreifen und müssen auch nicht gekühlt werden. So sind Erdbeeren ein Hochgenuss!

Grund genug, sie sich zur Erdbeerzeit so oft wie möglich zu gönnen – so viel Sie mögen. Denn Erdbeeren, das hat der liebe Gott wirklich gut eingerichtet, bieten viel Geschmack und allerhöchsten Genuss bei erfreulicherweise wenig Kalorien.
Wenn man die Früchte nicht einfach frisch aus der Tüte oder aus dem Korb verspeist, dann empfehlen sich möglichst schnelle und simple Zubereitungen.

Zum Beispiel: Die einfachste und schnellste Art, aus einer schlichten Erdbeere eine Art Konfekt zu produzieren:

Erdbeeren in Puderzucker

Die Früchte werden, den grünen Schopf nach oben, in ein Bett von Puderzucker, der durch ein Sieb auf die Platte gestäubt wurde, gesetzt und serviert. So sind sie am Fußende mit weißem Zucker überzogen; ein witziger Blickfang auf dem sommerlichen Partybuffet oder eine hübsche Begleitung zum Dessert.
Statt Puderzucker kann man auch einen Zuckerguss nehmen: dafür Puderzucker mit Zitronensaft glatt rühren, die Früchte eintauchen und auf einem Pralinengitter trocknen lassen.

TIPP

Tauchen Sie die Erdbeeren in flüssige Schokolade. In Pralinentütchen gesetzt oder auf einer hübschen Platte sind auch diese Erdbeerpralinen ein willkommenes Mitbringsel.

Erdbeeren in der Küche

Beim Händler hat man ja wenig Wahl, was die Sorten angeht, man wird nehmen, was frisch aussieht und verlockend duftet. Danach aber hat man es selbst in der Hand, ob die Erdbeeren wirklich Freude machen. Wenn man sie nicht gleich verspeisen kann, gehören sie in den Kühlschrank. Am besten mit Küchenpapier zugedeckt, damit sie nicht austrocknen. Bitte nicht in Folie einhüllen, darunter beginnen sie zu schwitzen und dünsten all das schöne Aroma aus. Vor dem Verspeisen müssen sie allerdings wieder Zimmertemperatur annehmen.

Weil sie so empfindlich sind, sollte man, wenn möglich, aufs Waschen der Erdbeeren verzichten. Wenn man allerdings nicht weiß, woher sie kommen, muss man sie natürlich wohl oder übel einer Reinigung unterziehen. Aber bitte ganz rasch, unter fließender Brause, auf keinen Fall im Wasser liegen lassen und niemals vorher den Blütenkelch herausziehen! Der wirkt wie ein Stöpsel, der verhindert, dass Wasser eindringt und Saft ausläuft. Sobald die Erdbeeren zerkleinert sind, müssen sie mariniert, also mit Zucker und/oder Saft, Wein, Alkohol oder Sahne vermischt werden, damit sie nicht oxydieren. Sie sollten dann aber schnellstmöglich, unbedingt noch am selben Tag verspeist werden.

Marinierte Erdbeeren
(Grundrezept)

1 Erdbeeren putzen, wenn nötig kurz abbrausen und gründlich abtropfen lassen. Entkelchen, dann mit einem kleinen Messer vierteln oder sogar achteln, je nach Größe. Über einer Schüssel arbeiten, damit der Saft aufgefangen wird. Die Erdbeeren mit 1, 2 Löffeln Zucker bestreuen. Nach Belieben mit etwas Orangen- oder Zitronensaft beträufeln – gut passt auch Orangen-, Zitronen- oder Erdbeerlikör –, behutsam umwenden und kurz ziehen lassen.

2 Entweder pur aus Dessertschälchen löffeln oder mit einem Eis nach Wahl servieren. Außerdem kann man nach Herzenslust mit Kräutern würzen, zum Beispiel mit Basilikum, das hervorragend und geradezu verblüffend zum Erdbeeraroma passt. Auch grüner Pfeffer ist geeignet – aber bitte nur den frischen, den man in asiatischen Läden kaufen kann, verwenden, auf keinen Fall den in einer säuerlichen Lake konservierten nehmen! Ideal ist ein konzentrierter Balsamessig, zum Beispiel ein Apfelbalsamico mit seiner feinen Säure und intensiven Frucht.

Oder man serviert die Erdbeeren mit einer milden Eiscreme.

ZUTATEN

Für vier bis sechs Personen:

Saft von 1 Zitrone
ca. 80 g Zucker
250 g Naturjoghurt

Außerdem:
1 kg Erdbeeren
1 reife Mango
2 EL Zucker
2-3 EL Zitronenlikör
Melisseblättchen

Joghurteis mit Erdbeer-Mango-Salat

Ganz einfach und schnell gemacht, hat es außerdem den Vorzug, nicht allzu viele Kalorien zu liefern.

1 Zitronensaft und Zucker aufkochen, rühren, bis aller Zucker gelöst ist. Kurz abkühlen, dann mit dem Joghurt verrühren. Kalt stellen und unmittelbar vor dem Servieren in der Eismaschine gefrieren lassen. Wer keine Eismaschine hat, füllt die Masse in eine weite Metallschüssel und stellt sie ins Gefrierfach.

2 Nach etwa 2 Stunden, sobald die Masse zu erstarren beginnt, die Schüssel in Abständen von etwa 15 Minuten aus dem Gefrierfach holen und die Masse mit dem Schneebesen aufschlagen. So werden die Kristalle, die sich beim Gefrieren bilden, immer wieder zerstört und das Eis gerät schön cremig.

3 Die Erdbeeren für den Salat putzen, entkelchen, vierteln und in eine Schüssel füllen. Die Mango schälen, dann mit einem großen Messer das Fruchtfleisch zunächst quer mit eng parallel gesetzten Schnitten einritzen, dann um 90 Grad dazu versetzt einschneiden. Schließlich das Fleisch mit einem großen Messer parallel zum Stein abschneiden. Es purzelt jetzt in akkuraten Würfeln vom Messer. Mit den Erdbeeren mischen, mit Zucker und Likör (oder Saft, wenn Kinder mitessen) marinieren.
Zum Servieren jeweils einen Kranz von Erdbeersalat auf den Teller anordnen, in die Mitte eine Eiskugel setzen und mit Melissenstreifchen schmücken.

Erdbeersahne

Ein unwiderstehliches Dessert! Man braucht dafür marinierte Erdbeeren wie zuvor im Grundrezept beschrieben. Die Hälfte davon wird mit Quark vermischt, der mit steif geschlagener süßer Sahne aufgelockert wurde. Das wird dann abwechselnd in hohe Gläser geschichtet.
So kann man sich mit langen Löffeln durch die einzelnen Schichten arbeiten.

ZUTATEN

Für vier bis sechs Personen:

1 kg Erdbeeren
1 ungespritzte Orange
evtl. 2 EL Orangenlikör
3 EL Zucker
200 ml süße Sahne
200 g Sahnequark
oder Frischkäse
Minze- oder Melisseblättchen

1 Die Erdbeeren putzen, wenn nötig waschen, entkelchen und würfeln (knapp zentimetergroß). Mit etwas Orangensaft, abgeriebener Schale und Likör sowie 2 Esslöffeln Zucker abschmecken.

2 Die Sahne mit dem restlichen Zucker steif schlagen und mit Quark oder Frischkäse verrühren. Nach Gusto zusätzlich süßen und mit etwas Orangenschale würzen. Die Hälfte der Erdbeeren mit der Hälfte der Sahne-Quark-Masse vermischen.

3 Die drei Massen übereinander in hohe Gläser schichten, zuoberst die weiße Schicht, die mit einer Erdbeerhälfte verziert wird. Unbedingt frisch servieren, nicht stehen lassen, sonst zieht die Sahne Wasser.

Erdbeerschnitten

Schnell zubereitet, wenn sich Gäste zum Kaffee ansagen: Die Erdbeeren wie zuvor beschrieben würfeln und marinieren, alsdann mit steif geschlagener Sahne mischen. Diesen duftenden Schaum zwischen zwei Blätterteigplatten servieren. Dieses Gebäck ist ebenfalls rasch gemacht, und lässt sich übrigens auch auf Vorrat herstellen: In gut schließenden Blechdosen bleibt es tagelang frisch. Den Blätterteig kaufen wir fertig, aber wir reichern ihn mit Butter an, so wird daraus ein herrlich nach Butter duftendes, vielblättriges Gebäck.

1 Die Blätterteigplatten nebeneinander liegend auftauen, dann jeweils eine mit Butter bestreichen, eine zweite obenauf legen und ausrollen. Wenn die Butter zu weich wird, den Teig zwischendurch in den Kühlschrank legen. Aus dem dünn ausgerollten Teig Quadrate ausschneiden, auf ein Blech setzen, die Oberfläche mit Butter bestreichen, mit Zucker bestreuen und schließlich backen, und zwar bei 180 °C etwa 10 bis 15 Minuten. Dabei beobachten: Sollten sich die Teigplatten zu stark aufplustern, einen Rost in etwa zwei Zentimetern Abstand darüber legen, damit die Schnitten nicht allzu dick werden.

2 Zum Servieren die Hälfte der Platten dick mit Erdbeersahne bedecken, jeweils mit einer unbestrichenen Platte bedecken. Mit Puderzucker bestäuben.

GETRÄNK

Dazu reicht man Kaffee oder Espresso, aber gern auch einen spritzigen, fruchtigen Rieslingsekt.

ZUTATEN

Für vier bis sechs Personen:

1 Paket tiefgekühlter Blätterteig
50 g Butter
2-3 EL Zucker

Außerdem:
ca. 1 kg Erdbeeren
200 g Quark (saure Sahne oder Frischkäse)
2-3 EL Zucker
200 ml Sahne

TIPP

Eine hübsche Verzierung erzielt man mit dem Puderzucker, wenn man zuvor eine Schablone auflegt, so dass der Zucker Streifen oder Herzen bildet.

Ohne Zucker geht nichts

Selbst wenn die Früchte noch so süß sind und man vielleicht mit einer winzigen Prise auskommt: Zucker ist einfach nötig! Zucker stammt bei uns im Allgemeinen von der Zuckerrübe, wir verwenden ihn raffiniert, also schön sauber und gereinigt. Im Handel wird er als so genannter Haushalts- oder Kristallzucker angeboten. Zum Einpudern, Bestäuben oder für feine Massen und Cremes nimmt man besser Puderzucker, der sich schnell auflöst. Der braune, meist grobe Farinzucker eignet sich eher zum Backen, vorzugsweise für herzhafte Teige, die auch gern eine dunklere Farbe haben dürfen, für Lebkuchen und Printen etwa. Trotz seiner braunen Farbe (sie stammt von der Melasse) darf man ihn nicht mit dem Rohrzucker verwechseln, der aromatischer und würziger schmeckt, weil darin noch die Aromen des Zuckerrohrs stecken. Rohrzucker gibt es braun, aber auch weiß und gereinigt, wie der übliche Haushaltszucker.
Zucker macht man außerdem aus dem Saft der Zuckerpalme, dessen kräftiges Aroma in Gerichten der Thaiküche wichtig ist. Palmzucker gibt es streufähig oder zu festen Pellets geformt im Asialaden.
Süßen lässt sich auch mit Süßholz, zum Beispiel von einer bestimmten Eschenart aus Sizilien. Aber das sind regionale Spezialitäten, die selbst dort, wo man sie kennt, keine wichtige Rolle mehr spielen, seit Zucker nicht mehr teuer und kostbar ist.
Früher, als man Zucker nur aus Zuckerrohr herzustellen wusste und er von weither importiert werden musste, wog man ihn mit Silber und sogar Gold auf. Aus diesen Zeiten stammen noch die kostbaren Zuckerdosen, die man oftmals sogar mit kleinen Schlössern zusperrte, um einen raschen verbotenen Griff hinein zu verhindern.
Die Zeiten ändern sich. Heutzutage und hierzulande ist Zucker in Verruf geraten. Er schade den Zähnen, heißt es, und er mache dick. Doch wie so oft gilt auch hier der Grundsatz des Paracelsus: Die Dosis macht es, dass es Gift sei. Zu viel schadet selbstverständlich, aber das gilt für den gern als gesunden Ersatz betrachteten Honig ebenso! So gilt auch beim Zuckerverzehr die salomonische Regel: In Maßen ist er einem gesunden Menschen stets erlaubt!
Süßstoff hingegen ist ein eher zweifelhafter Ersatz. Für Erwachsene ist er unbedenklich, großen Schaden jedoch kann Süßstoff bei Kindern und Heranwachsenden anrichten. Denn er beeinträchtigt die Kalziumentwicklung, kann also auf Dauer bleibende Schäden im noch im Wachstum befindlichen Knochengerüst bewirken.

Eine unersetzliche Rolle spielt Zucker übrigens beim Backen (wo er als Masse entscheidend ist und nicht durch Süßstoff ersetzt werden kann) und beim Marmeladekochen.
Denn da braucht man Gelierzucker, wie Sie sicher wissen, sonst wird die Konfitüre nicht fest. Und wer mag es schon, wenn ihm die Frühstücksmarmelade auf dem Unterarm entgegenläuft, wenn er das Brötchen zum Mund führt? Das hören wir oft, wenn wir über Marmelade beziehungsweise über Konfitüre diskutieren.
Übrigens: Unter Marmelade, das ist inzwischen internationale Regelung für die Industrie, versteht man ausschließlich Orangenmarmelade, alles andere ist Konfitüre.
Wir kochen Konfitüre übrigens stets mit ganz normalem Haushaltszucker oder mit dem so genannten Einmachzucker (das ist genau derselbe Haushaltszucker, nur mit gröberen Kristallen) und verwenden niemals Gelierzucker (also mit Pektin versetzten Zucker). Denn der macht die Marmelade für unseren Geschmack zu fest, außerdem raubt Pektin den Früchten einen Gutteil vom Aroma und verändert obendrein unschön ihre Farbe.
Farbe und Aroma bleiben jedoch erhalten, wenn man die Konfitüre im Kupfer- oder Messingkessel kocht. Der ist hierzulande aus der Mode gekommen, deshalb findet man immer wieder welche auf dem Flohmarkt. Wenn der Preis stimmt, unbedingt zugreifen, denn mit nichts lässt sich besser Marmelade oder Konfitüre kochen! Man kann spezielle Kupferkessel zum Marmeladekochen selbstverständlich auch im gut sortierten Fachhandel kaufen (www.webgourmet.de).
Natürlich gibt es unterschiedliche Präferenzen für die Konsistenz von Marmeladen/Konfitüren. Der eine mag sie lieber fester, der andere lieber so flüssig, dass er sie in den Joghurt rühren kann. Aber wir sind uns wohl einig, dass schnittfest eindeutig zu viel des Guten ist.

TIPP

Wer will, kann normalen und Gelierzucker mischen – dann verkürzt sich die Kochzeit. Aber unbedingt einen Messing- oder Kupferkessel nehmen, damit die Frische erhalten bleibt!

ZUTATEN

Für ca. 8 Gläser à 220 Gramm:

2 kg Erdbeeren
1,5 kg Zucker
Saft einer Zitrone
1 frischer Rosmarinzweig

Erdbeerkonfitüre mit Rosmarinduft

1 Die Früchte putzen, halbieren oder sogar vierteln und mit der Hälfte des Zuckers mischen. Eine halbe Stunde stehen lassen, bis sich Saft gebildet hat. Diesen durch ein Sieb in einen Messing- oder Kupferkessel gießen. Aufkochen, den restlichen Zucker zufügen und sprudelnd kochen, bis er aufgelöst ist. Erst jetzt die Früchte zufügen.

2 Unter Rühren etwa 10 Minuten köcheln, dann Zitronensaft zufügen und noch so lange weiterköcheln, bis die Gelierprobe die gewünschte Konsistenz anzeigt. In diesem Moment fein gehackten Rosmarin einrühren und die Marmelade in Gläser abfüllen.

Erdbeerknödel

Ein verführerisches Dessert aus der Wiener Mehlspeisenküche: Ein duftiger Teig aus Magerquark, Ei, etwas Mehl und Grieß. Darin werden Erdbeeren eingehüllt und in Salzwasser pochiert. Vor dem Servieren werden sie in Butterbröseln gewälzt, mit Puderzucker bestäubt und zusammen mit einer Erdbeersauce serviert. Pistazienkrümel und Minzeblätter sorgen für Farbe – einfach unwiderstehlich!

1 Den Quark am besten bereits am Vortag in einem mit Küchenpapier ausgelegten Sieb abtropfen lassen, damit er wirklich trocken wird. Die Butter weich werden lassen, dann den Zucker zufügen und mit dem Schneebesen zu einer hellen Creme aufschlagen. Nach und nach Eier und Eigelb unterrühren. Die Masse mit Vanille, Salz und Zitronenschale würzen. Den abgetropften Quark unterrühren, ebenso die Semmelbrösel. Etwa 20 Minuten ausquellen lassen, der Teig sollte jetzt stabil, aber formbar sein – eventuell mit zusätzlichen Semmelbröseln festigen.

2 Aus dem Teig eine Rolle vom Durchmesser eines Zwei-Euro-Stücks formen, davon 2 Zentimeter dicke Scheiben abschneiden, sie jeweils in der angefeuchteten Handfläche flach drücken, je eine Erdbeere darauf setzen und diese rundum einhüllen. Die Knödel schön glatt formen und in siedendem Salzwasser 10 Minuten ziehen lassen. Mit einer Schaumkelle herausheben und abtropfen.

ZUTATEN

Für vier bis sechs Personen:

250 g Magerquark
oder Schichtkäse
30 g Butter
30 g Zucker
1 kleines Ei
1 Eigelb
½ Vanillestange
(oder 1 Tütchen Vanillezucker)
1 Prise Salz
abgeriebene Zitronenschale
75 g Grieß
75 g Semmelbrösel
12 schöne große Erdbeeren

Zum Wälzen und Anrichten:
75 g Butter
3 EL Zucker
75 g geriebene Haselnüsse
4-6 EL Crème fraîche
50 g Pistazienkerne
1 EL Zucker
einige Minze- oder Melisse-blättchen

Sauce:
ca. 500 g Erdbeeren
1-2 EL Zucker
einige Tropfen Orangen- oder Zitronensaft

3 Zum Servieren die Butter in einer Pfanne schmelzen, hellbraun werden lassen, dann den Zucker karamellisieren und das Haselnussmehl darin anrösten. Die Knödel darin wälzen, bis sie rundum überzogen sind. Die restlichen Erdbeeren mit etwas Zucker und Orangen- oder Zitronensaft im Mixer pürieren und als Sauce zu den Knödeln reichen.

SERVIERVORSCHLAG

Einen schwungvollen Klecks Erdbeersauce auf die eine Tellerhälfte setzen, ebenso schwungvoll einen Klecks glatt gequirlter Crème fraîche auf die andere Hälfte setzen und in die Mitte zwei Erdbeerknödel platzieren. Mit Pistazienkrümeln verzieren, die man ganz schnell im Zerhacker selbst herstellt: die Pistazienkerne mit einem Löffel Zucker und den Minzeblättchen mixen, diese leuchtend grünen, duftenden Krümel über den Teller streuen. Mit Minze- oder Melisseblättchen garnieren.

GETRÄNK

Zur österreichischen Mehlspeise passt ein üppiger Süßwein aus dem Burgenland, zum Beispiel eine Auslese oder ein Ausbruch (Essenz) aus Rust.

Erbsen

Das Sommergemüse: Erbsen
Ein butterzarter Hochgenuss!

Dieses frische Gemüse, das so unvergleichlich köstlich schmeckt, ist – welch vertracktes Wortspiel! – richtig kostbar geworden. Manchmal hat man den Eindruck, dass nur noch Gartenbesitzer sich dieses Vergnügen leisten können, denn immer seltener bauen unsere Gärtner Erbsen an. Die Kundschaft mag sie nicht, sagen sie – und geben nicht zu, dass auch sie selbst keineswegs begeisterte Erbsenanbauer sind. Denn Erbsen machen nicht nur in der Küche viel Arbeit, sie sind auch im Garten enorm arbeitsintensiv. Man muss sie in ihrem Wachstum genau beobachten, ihnen zur richtigen Zeit eine stützende Rankhilfe geben, und man darf das perfekte Reifestadium nicht verpassen, sonst sind die Erbsen nicht mehr zart, sondern innerhalb ganz kurzer Zeit „bockelhart". Und dann die Ernte! Auch sie bedarf gehöriger Sorgfalt und durchaus einiger Anstrengung: Zu sehr verstecken sich die grünen Schoten zwischen den Blättern, oft muss man zweimal hinschauen und übersieht trotzdem einen Teil.

Erbsen in der Küche

Ideal ist es, wenn zwischen Ernte und Verarbeitung in der Küche so wenig Zeit wie möglich verstreicht. Das Palen ist mühsam und langwierig. Am besten macht man's wie wir: Wir setzen uns dabei in die Sonne, Moritz öffnet ein Fläschchen Wein und während wir die Schoten öffnen und die Erbsen nach Größe in verschiedene Schüsseln sortieren, haben wir Muße und Zeit, alles zu besprechen, was anliegt.

In der Küche werden die Erbsen als Erstes blanchiert, so bleiben sie nicht nur knackig, sie behalten auch ihre Farbe und Nährstoffe. Und was wir nicht am selben oder nächsten Tag verspeisen, frieren wir ein. Es lässt sich kaum ein Gemüse besser einfrieren als Erbsen. Nach ihrem Kälteschlaf sind sie fast genauso zart wie zuvor.
Jetzt werden Sie fragen: Warum kann ich dann nicht einfach tiefgekühlte Erbsen kaufen? Warum soll ich mir überhaupt diese viele Arbeit machen? Deshalb hier gleich die Antwort: Weil die Industrie andere Sorten verarbeitet! Sorten, bei denen es weniger auf den Geschmack ankommt als darauf, dass sie robust genug für die industrielle Verwertung sind und dass sie alle zur selben Zeit reif sind. Natürlich kann man auch mal Tiefkühlerbsen verwenden. Aber trotzdem sollten Sie sie jetzt, in der kurzen Zeit, während der man Erbsen frisch haben kann, unbedingt mal so probieren. Dann werden Sie verstehen, warum wir behaupten: Frische Erbsen sind das Größte!

Warenkunde Erbsen:

Man unterscheidet drei Arten: Pal-, Mark- und Schotenerbsen. Letztere werden auch Kaiserschoten oder Zuckerschoten genannt, und sind in der Küche unter dem französischen Namen *mangetouts* (weil man alles, also auch die Schoten, essen kann) bekannt.
Palerbsen sind die zartesten, je nach Größe sind sie nach ganz kurzem Andünsten bereits gar. Man schwenkt sie also nur in Butter (einfach das ideale Gewürz für Erbsen!), braucht kaum Brühe oder Wasser anzugießen, sondern lässt sie zugedeckt ganz kurz ein, zwei Minuten in ihrem eigenen Saft gar dünsten.
Markerbsen hingegen brauchen länger, sie können gut fünfzehn Minuten benötigen, bis sie weich sind und angenehm auf der Zunge zergehen. Dummerweise sieht man es den Erbsen nicht an, zu welcher Sorte sie gehören. Das muss der Gärtner (der hoffentlich weiß, welche Sorte er gesät hat) dem Händler und dieser dem Kunden weitersagen. Der wundert sich nämlich sonst, wenn seine vermeintlichen Palerbsen einfach nicht weich werden wollen. Markerbsen sind bestens geeignet für Risotto, schön im Ragout (im Hühnerfrikassee zum Beispiel oder im Kalbsragout) und sie ergeben auch ein wunderbares Püree.
Schließlich die **Kapuziner-** oder **Hollanderbsen**; sie werden erst später im Jahr reif. Die ausgereiften Erbsen sind so haltbar wie die gelben und grünen Hülsenfruchterbsen, die wir auch in manchen Regionen Deutschlands kennen und lieben. Es entstehen daraus wunderbare Eintöpfe, herzhafte Suppen und jene standfesten Pürees, die man in Berlin zum Beispiel zum Eisbein liebt.

TIPP

Wer einen hat, füllt die gewürzte Sahne in einen Sahnesyphon und sprüht damit eine Haube auf die Oberfläche der Suppe. Im Syphon bleibt die Zwiebelsahne im Kühlschrank außerdem lange frisch.

ZUTATEN

Für vier bis sechs Personen:

2 Schalotten oder junge weiße Zwiebeln
2-3 EL Butter
ca. 300-400 g ausgepalte, blanchierte Erbsen
1 TL Zucker
1 Prise Cayennepfeffer
Salz
¼ l Brühe (Hühner- oder Gemüsebrühe)
frischer Majoran oder Petersilie – nach Geschmack auch Koriandergrün

Zwiebelschaum:

1 Zwiebel
1 Prise Salz
⅛ l Sahne

Feines Erbsencremesüppchen

Eine leuchtend grüne, unwiderstehlich sanfte und erbsenfrisch duftende Suppe, geradezu Balsam für Leib & Seele und ein fabelhafter Auftakt für ein leichtes, sommerliches Menü.

1 Die Schalotten oder jungen Zwiebeln fein würfeln und in Butter andünsten, die blanchierten Erbsen zufügen, mit einer Prise Zucker karamellisieren und mit einem Hauch Cayenne würzen, salzen.
Mit Brühe auffüllen. Zugedeckt sanft gar köcheln. Zerzupfte Kräuter zufügen, alles mit dem Mixstab pürieren – je nach Geschmack ruhig ein bisschen grob, so dass noch ganze Erbsen erhalten bleiben, oder ganz glatt und fein. Fertig ist eine wunderbar cremige, gemüsige, leuchtend grüne Suppe, die man so auftischen kann.

2 Hübsch und wohlschmeckend ist jedoch zusätzlich eine Haube aus Zwiebelschaum: Dafür wird eine Zwiebel roh im Entsafter entsaftet oder auf der Reibe fein zermust, gesalzen und mit flüssiger, gut gekühlter Sahne vermischt. Durch ein Sieb passieren und die Sahne mit dem Mixstab halbsteif aufschlagen. Ein Klecks davon wird auf die Oberfläche gesetzt und kurz verrührt.
Unbedingt sofort servieren, damit der Schaum erhalten bleibt.

GETRÄNK

Ein mineralischer, duftiger Sauvignon, zum Beispiel aus der Pfalz.

Knabbertipp: Gebackene Curry-Erbsen

Eine herrliche Knabberei – eine Idee aus der indischen Küche übrigens, sehr pfiffig und ganz schnell: Getrocknete Erbsen einfach in heißem Butterschmalz nur ein, zwei Minuten frittieren, gut abtropfen, dann in einem Sieb mit gutem Currypulver durchschütteln. Schmeckt zum Nicht-mehr-aufhören-Können! Aber: Unbedingt frische getrocknete Erbsen dafür verwenden, so paradox das klingt. Wenn sie zu lange gelagert wurden, können sie sich nämlich nicht mehr schön im Fettbad aufplustern und bleiben hart. Also dort einkaufen, wo man sicher sein kann, dass rascher Umsatz für einen ständigen Austausch der Ware sorgt. Oder sie über Nacht einweichen. Dann allerdings wieder gut abtrocknen – sonst spritzt es mörderisch!

Erbsenkrapfen

„Frittelle" nennt man sie in Italien. Sie sind aus zarten, jungen Erbsen ein Hochgenuss, ein hübscher Bissen zur Vorspeise oder zum Aperitif: Aus Eiern und Mehl wird eine Art fester Pfannkuchen- beziehungsweise Spätzleteig angerührt, darunter werden blanchierte Erbsen und fein geschnittene Kräuter gemischt. Davon mit einem Teelöffel Nocken abstechen und in heißem Butterschmalz golden ausbacken. Dazu eine mit Tomatenpüree eingefärbte Hollandaise aus frischer Butter. Das ergibt sowohl farblich wie geschmacklich einen Kontrast mit Harmonie! Denn gerade Butter passt zu Erbsen ideal! Sie unterstützt den zarten Geschmack und hebt ihn, ohne ihn zu übertönen.

ZUTATEN

Für vier bis sechs Personen:

4 Eier
120 g Mehl
Salz, Pfeffer
300 g blanchierte Erbsen
Petersilie und Schnittlauch
Butterschmalz oder
Öl zum Ausbacken

Tomaten-Hollandaise:

2 Eigelb
2-3 EL Tomatenpüree
100 g Süßrahmbutter
Balsamico
1 Spritzer Zitronensaft
Salz, Pfeffer
1 Prise Zucker

1 Eier und Mehl verquirlen und schlagen, bis der Teig Blasen wirft und ganz glatt ist. Mit Salz und Pfeffer würzen und eine Viertelstunde quellen lassen. Dann die Erbsen sowie die fein gehackten Kräuter unterrühren. Teelöffelweise Nocken abstechen und einzeln in heißes Fett gleiten lassen, das jetzt aufrauschen sollte (zuvor am besten mit einem Brotwürfel überprüfen, ob die Hitze stimmt – das Fett muss um ihn herum regelrecht brodeln!). Goldene Krapfen backen, mit dem Schaumlöffel herausheben und auf Küchenpapier abtropfen.

2 Für die Sauce die Eigelb mit dem Tomatenpüree in einem dickwandigen Topf erwärmen (am besten ist Gusseisen geeignet, das die Hitze gleichmäßig leitet, ansonsten einen normalen Topf nehmen und in ein Wasserbad stellen), dabei mit dem Schneebesen schlagen, bis das Ei ganz hell und dick wird. Jetzt stückchenweise die Butter zufügen und geduldig einarbeiten. Die hellrote cremige Sauce mit Balsamico und Zitronensaft, mit Salz sowie einer Zuckerprise vollmundig abschmecken.

SERVIEREN
Die goldenen Krapfen isst man mit der Hand und stippt sie Bissen für Bissen in die Sauce.

GETRÄNK
Ein runder, üppiger Chardonnay aus Italien oder ein Weißburgunder aus Österreich oder aus der Pfalz.

Maccaroni-Auflauf mit Erbsen & Schinken

Ein typisches Lieblingsgericht aus unserer Kindheit, schade, dass es offenbar aus der Mode ist! Dabei ist es herzerwärmend und macht obendrein nicht viel Mühe. Man kann alles wunderbar vorbereiten: Maccaroni kochen, Schinken würfeln, Käse reiben, Eier, Milch und Sahne verquirlen, würzen. Und dann schließlich alles mit blanchierten Erbsen mischen und in eine große Auflaufform füllen. Backen, bis der Auflauf eine schöne goldene Kruste bekommen hat. Dazu ein grüner Salat – und schon werden Kindheitserinnerungen wach.
Übrigens: Dieses Gericht ist auch eine fabelhafte Vorspeise, wenn das Hauptgericht sehr leicht ist, zum Beispiel wenn es Fisch gibt. Man kann vor allem für diesen Fall die Zutaten auch in Portions-

ZUTATEN

Für vier Personen:

250 g Maccaroni
Salz
200 g gekochter Schinken in dicken Scheiben (ca. 0,5 cm)
3 Eier
¼ l Milch
⅛ l Sahne
Salz, Pfeffer
1 Spritzer Worcestershire-Sauce
1 Prise Cayennepfeffer
Zitronenschale
reichlich Petersilie
evtl. frische Minze
300 g blanchierte Erbsen
150 g geriebener Käse (Bergkäse, Gouda, nach Belieben auch eine Mischung mit Gorgonzola oder Mozzarella)

förmchen verteilen. Und wenn nicht alle zur selben Zeit am Tisch sitzen können, dann bekommt der Nachzügler seine eigene kleine Extra-Form.

1 Die Maccaroni in Salzwasser bissfest kochen. Unterdessen den Schinken würfeln. Die Eier mit Milch und Sahne verquirlen, dabei mit Salz, Pfeffer, Worcestershire-Sauce, Cayennepfeffer und Zitronenschale würzen. Die fein gehackten Kräuter unterrühren.

2 Die Nudeln abgießen, kurz abschrecken (in diesem Fall ist das, was sonst als Todsünde gilt, erlaubt!) und mit den Erbsen, den Schinkenwürfeln und dem Käse in einer Auflaufform mischen. Die Maccaroni vor allem an der Oberfläche hübsch anordnen, dann die verquirlte, kräftig gewürzte Eiermilch angießen. Sie sollte bis an die Oberfläche reichen. Das Gratin im 200 °C heißen Ofen etwa 20 Minuten backen, bis alles gestockt und das Gratin durch und durch heiß ist.

SERVIEREN

In der Form auf den Tisch bringen und dazu unbedingt eine große Schüssel grünen Salat servieren.

GETRÄNK

Ein kräftiger Grauburgunder von der Nahe oder ein fruchtiger Spätburgunder vom Kaiserstuhl.

Die Seele guter Küche: Butter & Butterschmalz

Im Ruhrgebiet spricht man ja von „Butter“, wenn man Margarine meint, und von „guter Butter“, wenn es wirklich das Produkt aus Sahne sein soll. Und es werden Glaubenskriege ausgetragen, was nun gesünder ist. Wir meinen: Gesund ist, was die Natur uns liefert, und das trifft auf die Butter als tierisches Milchprodukt allemal zu. Natürlich gilt auch hier der kluge Satz, dass die Dosis es macht: Zu viel Butter macht krank und dick – aber zu viel Margarine auch.

Fest steht hingegen: Butter liefert neben dem essentiellen Fett noch einen unnachahmlichen Geschmack! Und das kann Margarine nicht. Wobei man durchaus zugeben muss: Butter ist bei uns leider auch nicht mehr das, was sie einmal war. Was bei uns in den handlichen Halbpfund-Päckchen verkauft wird, schmeckt oft tatsächlich – um es nett zu sagen! – neutral, deutlich gesprochen, eigentlich nach gar nichts. Man merkt das, wenn man bewusst dem Geschmack von Butter nachspürt. Eine Almbutter aus der Milch von glücklichen Kühen hat einen unverwechselbaren Geschmack und Duft, sie ist von leuchtend gelber Farbe, und man vergisst ihr Aroma nie mehr, wenn man so etwas mal hat kosten dürfen. In der Schweiz schmeckt die Butter von einfachen, kleinen Molkereien, die es noch vielerorts gibt, kräftig und unverwechselbar. Auch in Frankreich, Österreich und Italien gibt es Butter von handwerklich

arbeitenden Molkereien, die einen individuellen, kräftigen Geschmack entwickeln. Bei uns hingegen findet sich im Kühlregal zwar eine Vielzahl von unterschiedlichen Anbietern, auch aus Holland, Irland, Dänemark oder Wer-weiß-woher –, aber wenn man sie mit zugebundenen Augen verkostet, entdeckt man kaum Unterschiede. Immerhin kann man meist unter zweierlei wählen: Butter aus Süß- oder Sauerrahm bzw. aus gesäuertem Rahm. Und dann gibt es noch gesalzene und ungesalzene Butter. Die mit dem Salz ist länger haltbar – deshalb ist man überhaupt auf das Salzen gekommen, die ungesalzene schmeckt natürlich milder und ist neutral. Auf dem Frühstücksbrötchen, unter der Marmelade, ist eine gesalzene Butter schließlich nicht jedermanns Liebling, obwohl der Gegensatz durchaus seinen Reiz hat. Und auch ob es der süße oder der gesäuerte Rahm auf dem Brot sein soll, ist Geschmackssache. Die Sauerrahmbutter wirkt voller im Aroma. Zum Kochen und Backen hingegen ist in jedem Fall die Süßrahmbutter eher zu empfehlen, weil sie nicht so leicht ausflockt. Vor allem für eine Sauce Hollandaise oder für zarte Cremes sollte man unbedingt zur Süßrahmbutter greifen.
Und dann gibt es noch das Butterschmalz. Das ist immer dann angesagt, wenn man in Butter braten will, sie also stark erhitzen muss. Das verträgt Butter nämlich nicht, sie verbrennt zu schnell. Deshalb fürs Braten lieber stets die Butter zur Hälfte durch Öl ersetzen oder gleich Butterschmalz nehmen. Das ist durch behutsames Erhitzen geklärte, also vom Molkeanteil befreite Butter, die sich dann sogar problemlos zum Frittieren eignet.

ZUTATEN

Für vier Personen:

2 junge Zwiebeln
1-2 Knoblauchzehen
2 EL Butterschmalz
1 TL fein gehackter Ingwer
1 Chilischote
200 g Filet vom Seeteufel (Lotte)
Salz, Pfeffer
200 g Kaiserschoten
½ TL Zucker
1 EL helle Sojasauce
2 EL Sherry
1 Händchen voll Minzeblätter

Kaiserschoten aus dem Wok

Die Kaiserschoten sind ein trickreiches Gemüse: Sie verlieren ihren ganzen Charme, wenn man sie blanchiert! Deshalb niemals ins kochende Wasser werfen, wirklich niemals! Sondern stets nur fädeln (wenn nötig) und dann rasch braten. Damit gewährleistet ist, dass sie wirklich braten und auf keinen Fall dünsten, brät man sie am besten im Wok. Während man sie mit der Bratschaufel umherwirbelt, kann man auch gleich noch ein paar passende Zutaten zufügen und schon steht im Handumdrehen ein ganzes Gericht auf dem Tisch: Zum Beispiel gewürfelte junge Zwiebeln im Wok in heißem Butterschmalz durchschwenken, eine Hand voll Garnelen oder Würfel vom Fischfilet (etwa von der festfleischigen Lotte) dazu, ebenso die Erbsenschoten, rasch mit Ingwer, Knoblauch und Chili würzen. Ein Schuss Sherry, ein paar Tropfen süße Sojasauce, eine Hand voll Minzeblätter oder Thaibasilikum dazu – fertig ist ein sommerleichtes Gericht. Das ist schnelle Küche, wie man sie sich wünscht!

Zwiebeln in feine Halbringe schneiden, Knoblauch fein hacken. Butterschmalz im Wok erhitzen, Zwiebeln, Knoblauch, auch Ingwer und die nur halbierte (so gibt sie nur ein wenig Aroma und nicht so viel Schärfe ab!) Chilischote kurz durchschwenken. In der Mitte Platz schaffen, das in Würfel geschnittene Fischfilet zufügen, salzen und pfeffern. Nach einer Minute, sobald sich die Filetwürfel freiwillig vom Boden lösen, beiseite schieben. Jetzt die Erbsenschoten zufügen und unter Rühren kurz mitbraten. Auch sie salzen, pfeffern und jetzt die Zuckerprise verteilen. Schließlich Sojasauce und Sherry vom Rand her angießen, alles behutsam mischen. Zerzupfte Minzeblätter unterrühren und sofort servieren.

BEILAGE

Duftiger Thaireis.

GETRÄNK

Eine richtig üppige, aber elegante Riesling Auslese, natürlich trocken, von der Mosel – zum Beispiel von Reinhard Löwenstein (Weingut Heymann-Löwenstein, Winninger) oder Eva Clüsserath (Weingut Ansgar Clüsserath, Trittenheim).

Küchenkräuter

Majoran, Kerbel und Estragon Ein Lob den deutschen Küchenkräutern!

Es ist noch gar nicht so lange her, da bot das normale deutsche Lebensmittelgeschäft gerade mal drei Sorten Kräuter an: Petersilie, Schnittlauch und Dill. Die Zeiten sind zum Glück vorbei – aus Holland, Dänemark, Italien, Frankreich und aus deutschen Gärtnereien kommt nämlich inzwischen ein breites Angebot in unsere Läden; teils als Schnittkräuter, teils als Töpfchen mit Jungpflanzen zum Selber ziehen auf dem Balkon oder im Garten. Dabei findet man natürlich im Feinkostgeschäft mehr als im simplen Supermarkt und die ganze Reichhaltigkeit stellt sich uns erst auf dem Wochenmarkt und in Garten-Centern dar.

Lange Zeit waren die Kräuter in unserer Küche zur Bedeutungslosigkeit verurteilt. Schuld daran war die Aufklärung, die mit wissenschaftlicher Medizin die Kräuterbücher des Mittelalters ablöste. Lediglich in den Bergregionen Süddeutschlands und in den bäuerlichen Gegenden der romanischen Länder konnten sie überleben. Jetzt, wo

eine naturnähere und gesündere Ernährung wieder in das allgemeine Bewusstsein gerückt sind, erleben wir jedoch Gottlob einen wahren Kräuterboom.
In diesem Kapitel wollen wir uns begrenzen auf drei Kräuter mit zarten Blättchen – wir übergehen also die eher mediterranen Kräuter. Wobei gleich unser erstes Kraut in gewissem Sinn eine Ausnahme ist, denn der Majoran stammt ursprünglich aus Vorderasien, hat schon im Altertum seinen Siegeszug rund ums Mittelmeer angetreten und ist bereits mit den Römern über die Alpen gekommen.

Majoran ist eigentlich eine mehrjährige Pflanze, jedoch unserem Winter nicht gewachsen, und verträgt bei Wind oft nicht einmal die ersten feuchtkalten Oktobernächte. Seine Würzkraft ist im Spätsommer, wenn die kleinen weißlich-grünen Blüten sich ausgebildet haben, am höchsten. Wenn man ihn jetzt abschneidet und die Blättchen von den Stielen streift, kann man sie sehr gut trocknen und so steht uns ihre wunderbare Würze auch den ganzen Winter über zur Verfügung. Man kauft ihn meistens etwas zerbröselt, in der Fachsprache nennt man das »gerebelt«.
Dieser getrocknete Majoran ist das unabdingbare Gewürz des Schlachttags – er gehört in viele Würste, vor allem Leber- und Blutwürste, und würzt vielerlei Fleischgerichte und Eintöpfe.
Der lateinische Name für Majoran ist *Origanum majorana.* Schwant Ihnen was? Ja, der Majoran ist sozusagen die kleinere Schwester des Oregano, den man ja als Pizzagewürz und aus der griechischen Küche kennt. Es gibt Oregano in verschiedenen Variationen, die schwer auseinander zu halten sind – lateinisch hängt man der Bezeichnung *Origanum* die Unterscheidung einfach an: *maru, microphyllum, heracleoticum, kalitera, syriacum, dictamnus, tyttantum* etc. Am bekanntesten ist der italienische, dessen Blättchen etwas behaarter, rauer und größer sind als die der anderen Arten, die ihrerseits stets etwas silbrig schimmern. Aus Griechenland kommen sehr kleinblättrige und intensiv schmeckende Sorten; auf Kreta hat sich sogar eine eigene Spezies entwickelt.

Unserem Majoran sehr ähnlich ist *Origanum majoricum,* ein einigermaßen winterhartes Gewächs, das sehr häufig, und zwar aus Italien kommend, in Töpfen angeboten wird. Man mag zunächst glauben, es handle sich um einen besonders großblättrigen Majoran, es ist aber eine dem Oregano näher stehende Zwischenform, wie man am Geschmack erkennen kann: Er erinnert fast ein wenig an Minze. Er übersteht leichte Fröste und lässt sich daher auch gut überwintern, wenn man den Topf bei strengerem Frost kurzzeitig ins Haus stellt. Allerdings: Er verträgt weder Trockenheit noch feuchte und stehende Luft (Gewächshaus), sondern bevorzugt etwas Wind.

Die Form des Blütenstandes ist ein klares Erkennungsmerkmal, wenn es um die Unterscheidung von Majoran oder Oregano geht: Beim Majoran wird man die unscheinbaren Blüten mit den durchscheinend weißen Blütenblättern zunächst kaum bemerken, denn sie sitzen in den Blattachseln und ziehen sich den Stängel hoch, während sie bei den Oregano-Arten doldig stehen, mit weißen oder rosa Blüten. Übrigens gibt es auch bei uns auf kalkigen Böden einen Verwandten des Majorans, den Dost oder *Origanum vulgare,* der aber weniger intensiv schmeckt. Er sollte trotzdem in keinem Garten mit geeignetem (also kalkhaltigem) Boden fehlen, denn seine jungen Blätter bieten eine angenehme Würze und die rosa-violetten Blüten sind nicht nur eine Zierde, sondern auch eine gute Käfer- und Schmetterlingsweide.

Kerbel ist eine klassische Frühlingspflanze. Verzichtet man jedoch darauf, ihn nach der Blüte umzugraben, sondern lässt man ihn sich entwickeln und wieder aussamen, so bekommt man im Herbst – vor allem, wenn es regnerisch ist – eine herrliche Späternte an den erstaunlichsten Plätzen. Und dieser Kerbel wächst häufig viel kräftiger, als wenn man ihn selbst aussät, weil dies oft nicht zum idealen Zeitpunkt und am idealen Ort geschieht. Das gilt im Übrigen auch für die Samen, die erst im Frühjahr keimen. Falls Sie Kerbel im Blumentopf auf dem Balkon haben, am besten an einen schattigen Ort stellen.
Kerbel ist in fast ganz Deutschland Grundlage für eine Suppe, die am liebsten am Gründonnerstag gegessen wird, aber im Herbst genauso gut schmeckt. In Frankreich gehört Kerbel unverzichtbar zu Erbsen. Weiterhin würzt er Saucen zu Fisch oder Fleisch, schmeckt köstlich in Salaten, zu Eiern und im Quark. Man kann ihn zur Abwechslung eigentlich immer dann verwenden, wenn Petersilie gefragt ist.

Estragon ist ganz ohne Zweifel eines der feinsten Küchenkräuter, allerdings auch eines der problematischsten. Denn nichts ist bei uns seltener zu bekommen als ein wirklich guter Estragon! Es gibt da nämlich ein Mysterium, und zwar den immer wieder geschilderten Unterschied zwischen französischem, russischem und deutschem Estragon (in älteren Büchern als Dragon, in den österreichischen und bayerischen als Bertram bezeichnet). Wenn man normale hiesige Gärtner fragt, bekommt man garantiert zur Antwort, bei ihrem handle es sich um deutschen, und dieser sei der beste. Stimmt aber nicht. Und oft wird deutscher und französischer Estragon gleichgesetzt und der russische als geschmacklos verworfen – das ist jedoch ein Irrtum. Tatsächlich sind der deutsche und der russische sehr ähnlich, schmecken in erster Linie grasig, ein wenig nach Kümmel

und leider nur sehr zart nach Estragon. Dieser Estragon wird aus Samen gezogen und in Töpfen verkauft – lassen Sie ihn stehen, er ist immer langweilig!
Guten Estragon gewinnt man nämlich nur aus Stockteilung von bewährten Stauden. Tatsächlich fällt solches Wurzelwerk alljährlich bei der Gartenarbeit an, denn Estragon hat die unangenehme Eigenschaft, sich recht schnell nach allen Seiten hin auszubreiten. Leider findet man Ableger des aromatischen Estragons nur in sehr seltenen Fällen bei uns. Denn offenbar wissen nur die wenigsten deutschen Gärtner, wie ein guter Estragon zu schmecken hat: unter anderem nämlich nach Anis!
Vom echten französischen Estragon sollten Sie sich, wann immer Sie auf ihn stoßen (vielleicht bei Kräutergärtnern in Ihrem Bekanntenkreis), im Frühling bis hinein in den Frühsommer einen bewurzelten Stiel mitnehmen, diesen oben auf drei bis vier Blattachseln einkürzen und sofort in feuchte Erde pflanzen. Eventuell mit einer Plastiktüte gegen Austrocknung schützen. Nur dann – oder von einer der seltenen guten Kräutergärtnereien – haben Sie das wirklich köstliche, intensiv nach Anis und Estragon duftende Kraut, das in der feinen französischen Küche so überaus beliebt ist: an Salaten mit Fisch, Fleisch und Meeresfrüchten, zu Kalb und Huhn, in Saucen (etwa der Béarnaise!) und eingelegt in Essig (auch als Würzessig und zu Gurken) – himmlisch!
Dieser gute Estragon hat relativ breite, vor allem in der Jugend ausgezackte, später eher kurze, lanzettförmige und ganz hellgrüne Blätter mit mehreren Längsadern, im Gegensatz zum deutschen, der lange, dunkelgrüne, an der Unterseite silbrig schimmernde Blätter besitzt. Beide Sorten sind im Sommer und Frühherbst am besten. Haben sich Blüten gebildet – sie sind grün und recht unauffällig –, so wird sein Geschmack strenger, gar bitter. Dem kann man abhelfen, indem man ab dem Hochsommer die Spitzen der Stängel auf etwa halber Höhe abschneidet und Seitentriebe zieht.
Estragon lässt sich schlecht trocknen. Besser ist es, die Blätter in Essig einzulegen, dann bewahren sie ein saubereres Aroma. Estragonessig schließlich ist als Salatwürze bestens geeignet – und tatsächlich sollten Sie dann jeweils einen Zweig deutschen und französischen Estragons in die Flasche stecken, denn eine Mischung ist noch besser als beide Sorten einzeln!

ZUTATEN

für 6 Personen:

1 größere Lammschulter oder Lammkeule (ca. 1,8 bis 2 kg Fleisch)
Salz
4 Knoblauchzehen
2 Lorbeerblätter
je 1 TL Thymian, Pfeffer- und Pimentkörner,
2 gehäufte TL bis EL getrockneter Majoran
je etwa 250 g Lauch, Sellerie, Möhren und Zwiebeln
1 großes Bund Petersilie
1 kg Kartoffeln
1-2 EL vorzüglicher Weinessig
100 g frischer Meerrettich
wenn vorhanden: frischer Majoran

Steirisches Majoranschöpsernes

Hammelfleisch nennt man in Österreich »Schöpsernes«. Das Frikassee wird mit älterem Fleisch natürlich eine deftige Sache! Zarter und für unsere heutigen Gaumen angenehmer schmeckt der Eintopf, wenn Sie Lammfleisch nehmen.

1 Das Fleisch auslösen und roh in große Würfel von mindestens etwa 4 bis 6 zentimeter Kantenlänge schneiden. Mit einem Liter Wasser und Salz aufsetzen, die Gewürze zufügen und langsam zum Kochen bringen. Lauch, Sellerie, Möhren und Zwiebeln putzen – die Abschnitte mit zum Fleisch geben, die schönen Teile in Streifen schneiden und beiseite legen (Möhren und Sellerie eventuell mit etwas Zitronensaft beträufeln, damit sie nicht anlaufen). Petersilienblätter von den Stängeln zupfen, die Stängel mitkochen. Sobald das Wasser einmal aufgewallt hat, die Hitze herunterschalten und alles eine knappe Stunde leise simmern, auf keinen Fall richtig kochen.

2 Die Fleischwürfel dann herausnehmen und den Kochsud durchseihen. Die Kartoffeln schälen und mit dem jetzt in exakte Streifen oder Würfel geschnittenen zuvor zurückgelegten Wurzelwerk sowie dem Fleisch in den Suppentopf zurückgeben. Mit der durchgeseihten Brühe auffüllen und alles auf milder Hitze sehr behutsam eine weitere halbe Stunde ziehen lassen, bis Kartoffeln und Gemüse weich sind.

3 Fleisch, Gemüse und Kartoffeln auf einer großen, vorgewärmten und möglichst tiefen Platte anrichten. Mit den gehackten Petersilienblättern und, wenn vorhanden, auch reichlich frischen Majoranblättchen bestreuen. Den Sud mit Essig würzen, abschmecken und darüber gießen. Alles mit frisch geriebenem (»gerissenem«, wie man in Österreich sagt) Meerrettich überstreuen.

GETRÄNK

Ein kraftvoller, würziger Wein aus der Steiermark, ein Sauvignon, etwa vom Weingut Gross.

Wichtig: Getrockneter Majoran hat ein anderes, viel intensiveres Aroma als der frische – deshalb niemals nur mit frischem Majoran würzen, sondern immer auch mit getrocknetem, selbst im Hochsommer! Die getrockneten Blätter, die stets ganz aufbewahrt werden sollten, erst unmittelbar vor dem Gebrauch zwischen den Handflächen zerreiben, damit sich ihr Aroma voll entfalten kann.

TIPP

Unbedingt in tiefen Tellern servieren, damit man genügend von der herrlichen Brühe bekommt, und zu Messer und Gabel auch große Löffel reichen!

ZUTATEN

für 4 Personen:

4-5 altbackene Semmeln oder Brötchen
1/8 l lauwarme Milch
250 g Leber (vorzugsweise bereits vom Metzger mahlen bzw. durch den Fleischwolf drehen lassen)
1 Zwiebel
1 Bund Petersilie
30 g Butter
2 Eier
1 gehäufter EL Majoran
Pfeffer, Salz
evtl. Semmelbrösel zum Binden
1 l gute Fleischbrühe (ersatzweise Wasser)

Leberknödel

Die Bayern behaupten, sie hätten die Leberknödel erfunden, in der Pfalz besteht man jedoch darauf, dass es eine linksrheinische Spezialität sei... Die Pfälzer Knödel werden vielleicht mit noch mehr Majoran gewürzt als die in Bayern, und man liebt sie mit Sauerkraut und Kartoffelpüree (»zu Land«). In Bayern oder Südtirol gehören sie in die Suppe (»zu Wasser«).

1 Semmeln in dünne Scheiben schneiden, mit der Milch übergießen und 10 Minuten quellen lassen.

2 In der Zwischenzeit gegebenenfalls die Leber durch den Fleischwolf drehen und in eine Schüssel füllen. Zwiebel und Petersilie fein hacken und in der Butter weich dünsten. Semmeln mit der Leber, den etwas abgekühlten Zwiebeln, den Eiern und Gewürzen innig vermischen – am besten mit den Händen! Die Masse 5 Minuten ruhen lassen. Dann mit nassen Händen Knödel von 5 bis 6 Zentimeter Durchmesser formen und in leise siedende Brühe oder Salzwasser gleiten und langsam gar ziehen lassen.

Wichtig: Man sollte zunächst stets einen Probeknödel machen, um zu sehen, ob die Masse gut abbindet, nicht zu weich ist oder sich gar auflöst. Sollte dies der Fall sein, noch 1 bis 2 Löffel Semmelbrösel einarbeiten. Serviert man die Knödel in der Suppe, so lässt man sie klassischerweise in der Brühe ziehen, obwohl diese dann nicht mehr klar ist. Im Restaurant gart man sie natürlich immer getrennt, was das Auge erfreut, aber dem Geschmack nicht gerade zugute kommt. Unbedingt wird die Suppe mit reichlich Schnittlauch bestreut!

TIPP

In Bayern nimmt man am liebsten Rinderleber, die man zu einem kleinen Teil noch durch Milz ersetzt – also 200 g Leber und 50 g Milz; das macht die Knödel dunkler und würziger.

Kerbelsuppe

Der Frühlingsklassiker – der auch im Herbst wunderbar schmeckt, wenn Kerbel ebenfalls in reicher Menge zu haben ist.

ZUTATEN

für vier Personen:

1 Zwiebel
75 g Butter
1 große rohe Kartoffel
3/4 l Fleischbrühe
50 g entstielte Kerbelblättchen
Salz, Pfeffer
1/8 l süße Sahne

1 Die Zwiebel in sehr feine Würfelchen schneiden. In 2 Esslöffeln Butter andünsten. Die Kartoffel würfeln und zufügen, mit Brühe auffüllen. 10 Minuten kochen, bis die Kartoffelwürfel weich sind. Ruhig ohne Deckel, um die Brühe ein wenig zu konzentrieren.

2 Die Kerbelblättchen mit der restlichen, zimmerwarmen Butter im Mixer oder mit dem Mixstab pürieren. Nach und nach erst die Sahne, danach auch die heiße Suppe zufügen. Glattmixen und abschmecken.

In Suppentassen oder tiefen Tellern mit etwas frischem Kerbel dekoriert servieren.

TIPP

So lässt sich Kerbel wunderbar für den Winter, die kerbellose Zeit, aufbewahren: Mit Butter mixen, mit wenig Salz und Pfeffer würzen. Dann zu einer Rolle formen, in Klarsichtfolie wickeln und einfrieren.

ZUTATEN

Für 4 Personen:

4 mittelgroße, aromatische, reife Tomaten
200 g frischer, abgezupfter Kerbel
6 EL Olivenöl (Extra vergine)
Salz, Pfeffer
4 knappe TL Balsamico-Essig
4 Knoblauchzehen
2 EL Semmelbrösel

Kerbeltomaten

Eine der besten Beilagen zu gegrilltem oder gebratenem Fleisch. Die grün gefüllten Tomaten schmecken übrigens nicht nur gut, sie sehen auch entzückend aus.

1 Tomaten brühen, abschrecken und häuten. Eine Kappe abschneiden, die Früchte mit einem scharfkantigen Löffel sorgfältig aushöhlen und abtropfen lassen. Kerbel blanchieren, eiskalt abschrecken (für die schöne Farbe!), abtropfen lassen und ausdrücken. Mit 2 EL Öl vermischen, salzen und pfeffern und in die Tomaten verteilen.

2 Tomaten in eine feuerfeste Form setzen, den Inhalt mit einigen Spritzern Balsamico würzen. Die Knoblauchzehen durch die Presse drücken, mit den Semmelbröseln mischen, auf den Tomaten verteilen und alles mit dem restlichen Öl beträufeln. Die Deckel wieder auflegen. Die Tomaten für etwa 20 Minuten in den 220 °C heißen Ofen schieben oder unter dem Grill überbacken.

ZUTATEN

Für 4 Personen:

1 Schalotte
3-6 Stängel Estragon
3 EL Weißweinessig
1 TL zerdrückte Pfefferkörner
Salz
2 Eigelb
250 g Butter

Sauce Béarnaise

Die berühmte Sauce der klassischen französischen Küche zu blutig gebratenem, rosa gegrilltem oder kurz gebratenem Fleisch (Châteaubriand) oder zu gegrilltem Fisch. Das Rezept für die feine französische Gastronomie schreibt vor, die Butter dafür zuerst zu zerlassen und zu klären; aber das macht die Sache unnötig kompliziert: Man kann die Butter ohne weiteres einfach in Flöckchen unterschlagen.

1 Schalotte fein hacken, die Blättchen von den Estragonstängeln abzupfen. Essig in einem gusseisernen oder anderen dickwandigen, unbedingt emaillierten Topf zum Kochen bringen. Könner schaffen das auch in einem guten Edelstahltopf, Anfänger arbeiten vorsichtshalber im Wasserbad. Schalotte, Estragonstiele, Pfefferkörner und Salz zufügen und die Flüssigkeit auf die Menge von 1 EL einkochen. Durchseihen und abkühlen lassen.

2 Wieder in den Topf zurückgeben, sanft erhitzen. Die Eigelb hineingeben und mit dem Schneebesen aufschlagen – dabei vorsichtig heiß werden lassen. Wenn die Masse schaumig und weißlich ist, nach und nach die Butter zufügen und einschlagen. Zum Schluss die abgezupften Estragonblättchen hacken und untermischen. Noch einmal abschmecken und in einer vorgewärmten Sauciere servieren.

ZUTATEN

Für 2 Personen:

40 g Butter
1 Zwiebel oder 2 Schalotten
4-6 Stängel Estragon
2 Scheiben Kabeljau zu je ca. 150 g (möglichst aus dem Rücken geschnitten)
Salz, Pfeffer
1/8 l trockener weißer Vermouth (Noilly Prat)
125 g Crème fraîche

Kabeljau mit Estragon

Eine typisch französische Grundzubereitung, die mit jeder Art von Fischfilet gelingt.

1 Butter in einer passenden Bratform im 220 °C heißen Ofen zerlassen. Zwiebel oder Schalotten fein hacken. In die Form streuen und im Ofen kurz etwas angehen lassen, aber nicht bräunen. Estragonblättchen abzupfen, die Stiele zu den Zwiebeln geben. Fischfilets vorrichten, waschen und trocken tupfen. Nicht säuern, wenn der Fisch wirklich frisch ist und noch nach Meer duftet – sonst etwas Zitronensaft darüber träufeln. Salzen und pfeffern, in die Zwiebelbutter legen, sofort den Vermouth angießen, die Form für 8 bis 10 Minuten in den Ofen schieben.

2 Herausnehmen, den Fisch auf eine vorgewärmte Platte legen und mit Alufolie abdecken. Bratfond in einen Topf geben, aufkochen, die Stängel herausnehmen und durchmixen. Crème fraîche untermixen, eventuell noch etwas einkochen lassen. Die gehackten Estragonblättchen einrühren, abschmecken und über die Fischfilets gießen. Sofort servieren.

BEILAGE

Nudeln oder Salzkartoffeln.

GETRÄNK

Ein kräftiger trockener Weißwein (Chablis oder Burgunder).

Basilikum

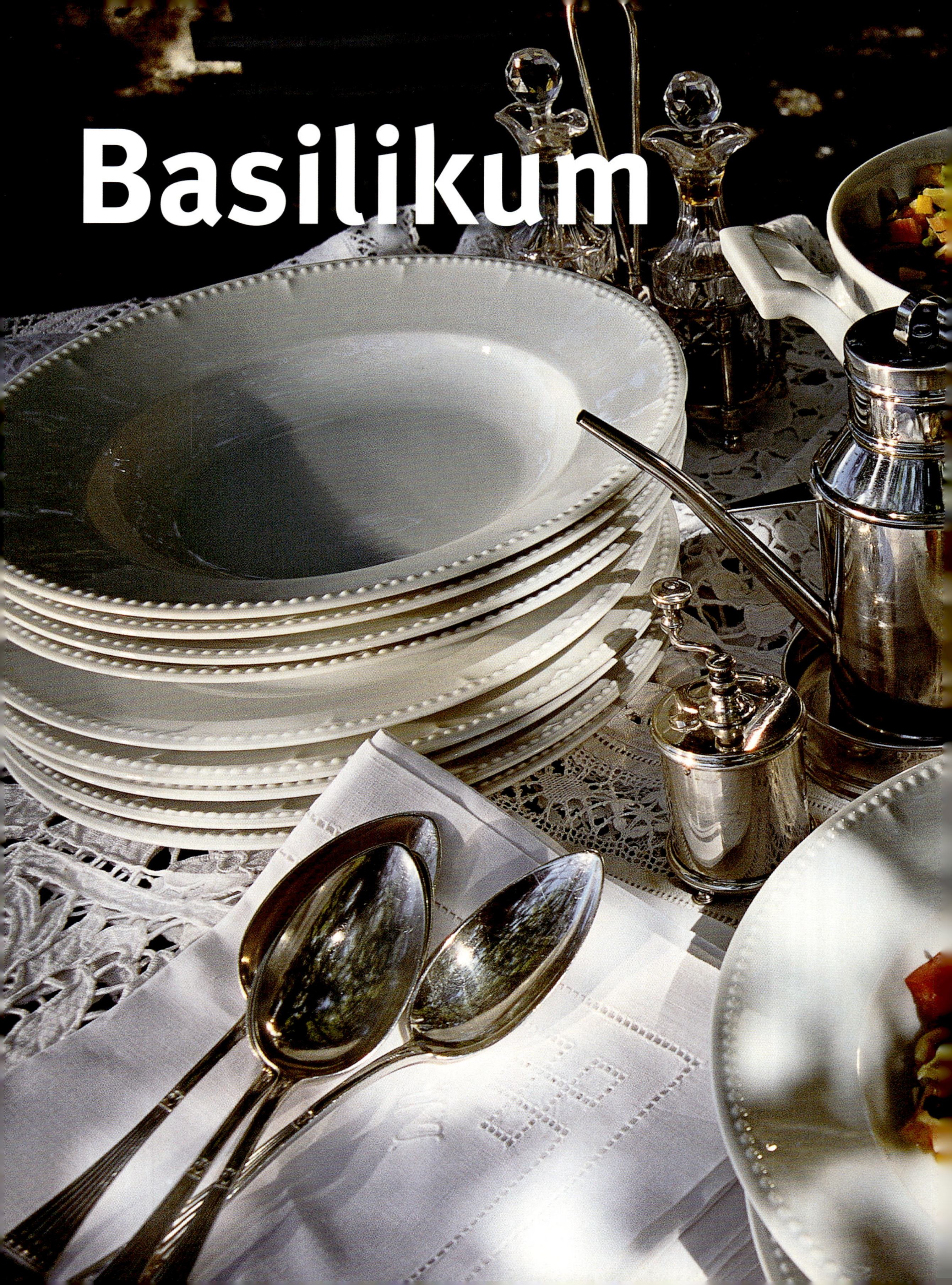

Basilikum – Der große Geschmack von Sommer, Sonne, Süden …

Ursprünglich wohl aus Indien stammend, findet man das Basilikum bereits im Altertum auch im gesamten Mittelmeerraum. Man hat es allerdings damals wahrscheinlich eher als Heil- denn als Würzkraut verwendet. Oftmals hielt man es auch nur als Zierpflanze – noch heute findet man in Andalusien überall Töpfe mit dem feinblättrigen Basilikum. Sie stehen rechts und links neben der Haustür und wenn die Sonne die Blätter erwärmt, trägt der Wind die Düfte davon ins Haus. Man verwendet es dort jedenfalls kaum in der Küche, es gibt nur wenige Speisen, denen es beigemengt wird.

Das Königskraut

Der Name leitet sich ab von griechisch *basilikos* – »königlich«. Königlich sieht das Kraut auch aus: Auf bis etwa 60 Zentimeter hohen, sich vielfach verzweigenden Stängeln sitzen unzählige winzige Blättchen, die von kleinen weißen Blütenständen bekrönt sind. Erst in neuerer Zeit wurden die Varianten mit größeren, spitz zulaufenden Blättern gezüchtet. Seit einigen Jahren gibt es auf unseren Märkten auch diverse lilablättrige und das großblättrige Basilikum, das vor allem aus Italien (Ligurien) zu uns kommt. Am würzigsten ist das feinblättrige, am widerstandskräftigsten das mitte große, klassische Genueser Basilikum. Diese Variante findet man bei uns inzwischen am häufigsten; ihr Geschmack entwickelt sich allerdings in unserem Klima weniger angenehm als am Mittelmeer, manchmal findet sich ein etwas grasiger Unterton. Man kann es in unseren sonnenärmeren Breiten an einem geschützten Platz oder auf dem Balkon ohne Schwierigkeiten ziehen, während das feinblättrige Basilikum einfach südliche Wärme und Sonne braucht, also eine Weinbauregion oder einen Folientunnel.

Basilikum zum Selberziehen

Basilikum muss stets am wärmsten und sonnigsten Platz des Gartens angebaut werden – am besten zieht man es bereits ab Februar/März am Fenster vor und setzt es erst lange nach den Eisheiligen, also im Juni, nach draußen. Leichte, sandige, gut drainierte Erde tut ihm gut, denn ist die Erde zu schwer und zu feucht, bekommen die Stängel schnell die Braunfäule und das Kraut geht ein. Ein böser Feind ist auch der Fusarium-Pilz, der zu schneller Welke führen kann. Wichtig: Die Pflanzen sollten windgeschützt stehen, Zugluft nehmen sie übel. Die Blätter der großblättrigen Sorten schmecken am besten, ehe die Pflanzen zu blühen beginnen – nachher werden sie etwas streng und bitter. Deshalb sollte man, will man nicht vor der Blüte alles ernten,

die Blütenrispen immer wieder ausknipsen – was übrigens zu vermehrter Stängel- und damit Blattbildung führt. Das feinblättrige Basilikum sollte man dagegen blühen lassen und erst während der Blüte ernten. Machen Sie es, wenn Sie einmal solche Pflanzen (oder Samen) bekommen haben, wie die Provenzalen: Dort schneidet man die ganzen Stängel dicht über dem Boden ab und hängt sie umgekehrt zum Trocknen an die Decke. So bleibt aller Saft in den Blättern enthalten. Allerdings geht das nur bei sehr trockener Luft, in trockenen Sommern. Sonst die einzelnen Blätter abzupfen und nebeneinander gelegt auf einem Tuch trocknen.

Basilikum in der Küche

Mit Basilikum kann man sozusagen alles würzen: egal, ob Salate, Saucen, Gemüse, Fisch, Fleisch oder Käse. Vorzüglich aber passt es zu Tomaten. In Neapel, wo das Basilikum so reichlich verwendet wird wie sonst nur noch in Genua und in der Provence, weiß man das am besten: Pizza und Mozzarella mit Tomaten sind unzertrennlich mit Basilikum verbunden. Die Genueser Spezialität, der Pesto – die herrlich duftende, mit Pinienkernen versetzte Knoblauch-Basilikum-Käse-Sauce –, wird zu Fischtöpfen, Nudeln und gekochtem Fleisch gereicht. In der Provence ist Pistou, altprovenzalisch für Basilikum, ein Synonym für Würze geworden – kaum ein provenzalisches Gericht, das ohne Basilikum auskommt. Besonders auch die echte Ratatouille benötigt dieses Kraut – weil es zu den darin enthaltenen Tomaten und zu anderen sonnengereiften Früchten, nämlich Oliven, Auberginen, Zwiebeln und Courgettes/Zucchini, so wunderbar passt.

Vom Aufbewahren, Hacken und Zerkleinern

Die saftigen Basilikumblätter welken leicht, sie werden deshalb oft noch mit ihren Wurzeln verkauft. Aber auch dann müssen sie möglichst rasch verarbeitet werden. Sie nehmen es übel, wenn man sie hackt: Dann färben sie sich schwarz und verlieren ihr köstliches Aroma. Die Blätter deshalb stets mit einem scharfen Messer schneiden, die Fasern sollen mit einem sauberen Schnitt durchtrennt, nicht zerquetscht werden. Auch darf es nicht mehr lange herumstehen, wenn es einmal zerkleinert ist – die Schnittflächen oxydieren an der Luft und werden schwarz. Zerkleinert man Basilikum im Mixer, schützt man es vor Oxidation, indem man Öl oder eine Flüssigkeit hinzufügt, die den Luftkontakt verhindert. Dasselbe gilt natürlich, wenn man die Blätter im Mörser zerreibt, wie man das klassischerweise in Italien oder in Frankreich tut. Mixt man das Basilikum mit Öl oder Butter, kann man es im Kühlschrank problemlos einige Tage, im Gefrierfach sogar Monate aufbewahren.

Spaghetti mit duftender Sauce

Auch wer nicht zum Einkaufen gekommen ist, kann im Handumdrehen was Gutes auf den Teller bringen, vorausgesetzt, er hat einen kleinen Stock mit dem frischen Kraut auf der Fensterbank. Die übrigen Zutaten sollten ohnehin stets vorrätig sein.

1 Die Spaghetti in reichlich Salzwasser in ca. acht Minuten (je nach Packungsaufschrift!) bissfest kochen.

2 In einer tiefen Pfanne die fein gewürfelte Zwiebel in aufschäumender Butter andünsten. Knoblauch durch die Presse hinzufügen, ebenso die Sardellen. Diese mit dem Kochlöffel ein wenig zerdrücken, damit sie mit der Butter verschmelzen. Schließlich die Kapern zufügen und eine kleine Schöpfkelle Nudelkochwasser angießen. Sprudelnd aufkochen, die Spaghetti tropfnass zufügen und untermischen, dabei das in Streifen geschnittene Basilikum dazwischen streuen.

3 Mit frischem Olivenöl beträufeln und in tiefen Tellern anrichten. Käse zum Selberreiben oder frisch gerieben auf den Tisch stellen, damit sich jeder nach eigenem Gusto davon nehmen kann.

GETRÄNK

Ein herzhafter Weißwein oder ein süffiger Rotwein – natürlich aus Italien.

ZUTATEN

Für vier Personen:

350 g dünne Spaghetti
Salz
1 Zwiebel
2 EL Butter
2-3 Knoblauchzehen
100 g schwarze Oliven
4-5 Sardellen (Anchovis)
2 EL kleine Kapern
1 Bund Basilikum
2 EL bestes Olivenöl
Parmesan zum Reiben

Provenzalische Basilikumsauce (Sauce au pistou)

Der Sammelbegriff Pistou bezeichnet zwar alles, was mit Basilikum zubereitet ist, aber zugleich auch eine typische Sauce – für die allerdings wiederum jede Hausfrau ihr eigenes Rezept hat. Im Prinzip ist sie dem Pesto, jener berühmten Genueser Basilikumsauce, durchaus verwandt, aber eben doch ganz anders: Statt Pecorino nimmt man Gruyère oder Mimolette (das ist sehr alter Edamer, mit Karottensaft gelb gefärbt), statt Pinienkernen Mandeln, und es wird oftmals ein wenig Tomatenpüree hinzugefügt. Außerdem werden die Mandeln überbrüht und gehäutet, sie dürfen dazu etwas einweichen und aufquellen. Dann wird alles im Mörser mit dem Stößel (provenzalisch: pistou*) oder im Mixer püriert: Käse, Knoblauch, Mandeln, viel Basilikum und gewürfelte, gut abgetropfte Tomate. Es entsteht eine cremige, duftende Sauce, die zu allem möglichen passt.*

ZUTATEN

Für vier Personen:

50 g Mandeln
1 reife Fleischtomate
6 Knoblauchzehen
50 g Gruyère
ca. 50 g Basilikum
Salz, Pfeffer
nach Belieben 1 kleine Chilischote
ca. 100 ml Olivenöl (natürlich allerbeste Qualität – am besten ein mildes provenzalisches Öl)
1 Prise Zucker

1 Die Mandeln in einer Schüssel mit kochendem Wasser überbrühen und mindestens eine halbe Stunde quellen lassen. Die Tomate gleich mitbrühen, sie sofort eiskalt abschrecken, häuten, entkernen, das Fleisch würfeln und in einem Sieb abtropfen lassen, bis alle weiteren Vorbereitungen erledigt sind.

2 Knoblauch pellen, zusammen mit dem grob gewürfelten Käse und dem Basilikum (zarte Stiele dürfen ruhig dranbleiben, lediglich die holzigen Teile sollte man entfernen) in den Mixer füllen, sogleich Salz und Pfeffer, eventuell die zerbröselte oder, falls es eine frische ist, entkernte Chilischote und nunmehr auch die gehäuteten Mandeln und die Hälfte des Öls zufügen. Auf mittlerer Geschwindigkeit mixen, erst wenn die Zutaten fast zerkleinert sind, die Tomatenwürfel dazugeben. Das restliche Öl langsam einarbeiten, wenn alles glatt gemixt ist und die Sauce dick und mayonnaisenartig aussieht. Die Sauce eventuell mit einer Prise Zucker mildern.

Hausgemachte Pommes frites

ZUTATEN

Für vier Personen:

4-6 große Kartoffeln
¼ l Olivenöl
10 Knoblauchzehen
Salz

Wir essen diese Basilikumsauce besonders gern zu selbst gemachten Pommes frites: Das sollten Sie unbedingt mal probieren – dann sind Sie für all das, was man unter diesem Namen fertig kaufen kann, verloren und Sie werden verstehen, warum Pommes frites einst zur großen Küche gehörten.

1 Die Kartoffeln schälen, in fingerdicke Stifte schneiden – wenn man das nicht alle Tage tut und auch nicht waschkörbeweise, braucht man durchaus nicht jenes komplizierte Gerät, den so genannten Pommes-frites-Schneider. Mit einem anständigen Küchenmesser ist es wirklich kein Problem: Zuerst die Kartoffel in fingerdicke Scheiben schneiden, dann diese längs in ebenso starke Stifte. Also wirklich kinderleicht!

2 Die Kartoffeln mit einem Küchentuch sorgsam trocken reiben. Eine Pfanne auf mittleres Feuer setzen – das Öl sollte gut fingerhoch drin stehen. Sobald es aufrauscht, wenn Sie ein Stäbchen hineinhalten, die Kartoffelstifte hineinlegen – nur so viele, wie nebeneinander Platz darin haben und noch vom Öl bedeckt sind. Leise sieden lassen, dabei immer wieder an der Pfanne rütteln. Nach 10 Minuten die ungeschälten Knoblauchzehen dazwischen verteilen – eine provenzalische Fischersfrau hat uns dies als Tipp verraten: Die Kartoffeln werden dadurch besonders knusprig. Wer kein Knoblauch mag, bedient sich des klassischen Tricks: Man hebt die Kartoffelstifte mit einer Schöpfkelle heraus und lässt sie ein wenig abkühlen, bevor man sie ein zweites Mal ins heiße Öl gibt und noch weitere 2 Minuten ausbacken lässt. Auch dies ist die Garantie dafür, dass die Kartoffeln knusprig werden. Die Kartoffelstifte auf Küchenpapier sorgfältig abtrocknen. Mit Salz bestreuen und sofort servieren.

ZUTATEN

Für vier bis sechs Personen:

500 g Kartoffeln
2 dicke Möhren
2 Zwiebeln
3-4 Knoblauchzehen
1 kleine Sellerieknolle
2-3 EL Olivenöl
1 ½ l Wasser
Fleisch- oder Gemüsebrühe
200 g ausgelöste Saubohnenkerne (Puffbohnen)
½ Wirsingkopf oder Sommerkohl
2-3 Zucchini (in verschiedenen Farben)
je 200 g ausgelöste Erbsen und feine grüne Bohnen
250 g feste Tomaten
Petersilie und Basilikum
3-4 EL Basilikumsauce (Rezept Seite 120)
Parmesan oder Mimolette und Olivenöl zum Würzen

TIPP

Unsere Köche glauben immer, man müsse eine Gemüsesuppe nach deftiger Art mit Fleischbrühe ansetzen. In Frankreich zieht man dagegen häufig Gemüsebrühe vor, in Italien nimmt man am liebsten Wasser. Das macht die Suppe leichter, erfrischender und lässt die Aromen der Gemüse viel klarer zur Geltung kommen!

Sommerliche Gemüsesuppe (Minestrone)

Ob in Italien oder in der Provence – rund ums Mittelmeer liebt man im Sommer diesen herrlichen leichten Eintopf, in den sämtliche Gemüse gehören, die jetzt auf dem Markt in üppiger Fülle zu finden sind: vom zarten Sommerkohl über junge Kartoffeln bis zu Lauch, Bohnen (auch die zarten ersten Kerne), Erbsen, Zucchini und was auch immer. Sie müssen langsam und lange miteinander verkocht werden, damit ihre Aromen und Würze sich einander mitteilen.
Und zum Schluss wird nicht nur reichlich frisches Basilikum hineingerührt, sondern auch eine gute Portion Sauce au Pistou, Pesto oder wie immer Sie sie nennen wollen, die cremige Basilikumsauce. Jede Region hat ihr eigenes, geliebtes Rezept. In der Toskana zum Beispiel schwört man darauf, die Suppe mehrfach wieder aufzuwärmen. Man richtet sie nämlich auf Weißbrot an, welches die Suppe beim wiederholten Aufwärmen immer mehr andickt. So ist der Gemüsetopf am Ende eine geradezu schnittfeste Angelegenheit.

1 Kartoffeln, Möhren, Zwiebeln, Knoblauch und Sellerie schälen, knapp 2 Zentimeter klein würfeln und im Olivenöl in einem großen Suppentopf andünsten. Mit Wasser oder Brühe auffüllen. Zunächst eine halbe Stunde köcheln. Dann die Saubohnenkerne, den fein

geschnittenen Wirsing, die gewürfelten Zucchini und die blanchierten (wegen der schöneren Farbe!) Erbsen und Bohnen zufügen, schließlich auch die gehäuteten, entkernten und gewürfelten Tomaten und die gehackten Kräuter. Das Gemüse miteinander weitere 10 bis 15 Minuten köcheln, bis sich alles gut gemischt hat.

2 Vor dem Servieren den Pesto in die Suppe rühren – oder auf den Tisch stellen, damit sich jeder selbst ein Löffelchen in den Teller gibt. Mit Käse und Olivenöl kann sich jeder Gast seine Portion nach eigenem Geschmack würzen.

Basilikumeiscreme

Das mag eigenartig klingen, aber es schmeckt umwerfend gut. Außerdem sieht das lindgrüne Eis verblüffend aus und es schmeckt herrlich zu frischen Früchten, zum Beispiel zu Erdbeeren oder einem Salat aus Aprikosen mit Kirschen oder von Pfirsichen.

1 Die Sahne mit dem gewaschenen Basilikum in den Mixer füllen, so lange mixen, bis die Blätter püriert und absolut aufgelöst sind. Die Sahne durch ein Sieb streichen und aufkochen, sofort vom Feuer ziehen, nicht lange wallen lassen.

2 Eigelb und Zucker in einem dickwandigen Topf auf mittlerem Feuer dick und cremig schlagen, die heiße Basilikumsahne zufügen und unter ständigem Rühren erneut erhitzen, bis die Masse dick wird, aber auf keinen Fall richtig kochen lassen, weil sie dann gerinnt. Abkühlen lassen, in der Eismaschine gefrieren.

Tipp: Wer keine Eismaschine hat, füllt diese Masse in eine Metallschüssel – die leitet nämlich besser, nimmt also besser die Kälte auf als eine Porzellan- oder Plastikschüssel. Darin lässt man die Masse im Gefrierfach etwa 2 Stunden fest werden. Sie muss dann kräftig mit dem Schneebesen aufgeschlagen werden, damit alle Eiskristalle, die sich darin gebildet haben, gründlich zertrümmert werden. Nach weiteren 2 Stunden erneut durchschlagen und servieren.

3 Nach Belieben kann man das Eis mit etwas frischer Chilischote und/oder Ingwer schärfen. Noch eine witzige Variante: thailändisches oder mexikanisches Basilikum!

4 Das Eis entweder zu Kugeln geformt in Dessertschalen servieren und mit Zitronenscheiben dekorieren oder zusammen mit Früchten der Saison anrichten.

ZUTATEN

Für vier bis sechs Personen:

1/4 l Sahne
1 Bund Basilikum
3 Eigelb
3 EL Zucker
1 Prise Salz

Gurken & Zucchini

Geliebte Saure-Gurken-Zeit

Gurken und Zucchini sind ein Sommergemüse, und zwar von der bescheidenen Sorte. Sie halten sich mit ihren Eigenschaften im Hintergrund und drängen sich nicht auf, was den Vorteil hat, dass sich unglaublich viel damit machen lässt: Sie schmecken beide auf vielfältige Weise: roh, gebraten, gekocht – gefüllt, geschnetzelt, püriert. Das Ergebnis ist immer leicht, bekömmlich und sommerfrisch. Und besonders ideal für alle, die mal gar keine Zeit oder Lust für größere Kochereien haben. Wir haben uns die grünen Küchenklassiker vorgenommen und neue, meist richtig schnelle Rezepte ausprobiert.

Gurken und Zucchini – eine große Familie

Wirklich verblüffend, wenn man sich bei einem gut sortierten Gemüsehändler umsieht: Gurken und Zucchini können in vielerlei Gestalt vorkommen. Sie gehören zur selben, ganz schön großen Familie: Es sind so genannte Cucurbitaceen, Kürbisgewächse. An den Pflanzen erkennt man ihre Verwandtschaft gleich, und zwar an den ähnlichen,

immer leicht behaarten Blättern und ihren Ranken. In dem Wort Zucchini (in der Schweiz sagt man Zucchetti) steckt das italienische *zucca*, so heißt in Italien der dicke Riesenkürbis. In Frankreich sagt man zu Zucchini *courgette,* der dicke Kürbis – und darin hört man nicht nur den großen Vetter *courge*, sondern auch die sprachliche Nähe zu den Gurken.
Die Urmutter dieser Gemüsefamilie kam aus Indien und verbreitete sich in den vergangenen 4000 Jahren um den gesamten Globus. Die Gurke gilt als eine der ältesten Kulturpflanzen der Welt. Die Zucchini jedoch, die noch vor einem halben Jahrhundert in unseren Gärten Exoten waren, sind hier erst in den letzten Jahrzehnten so richtig heimisch geworden.

Gurken – groß und klein

Man unterscheidet die schlanken Salatgurken, die man hauptsächlich roh isst (und die es dank neuerer Züchtungen nicht nur armlang, sondern auch handspannenkurz, als für Single-Haushalte geeignete Vespergurke gibt), und die dickeren, kürzeren Gemüsegurken. Diese färben sich im Gegensatz zu den dunkelgrünen Salatgurken (wenn sie gelblich werden oder dunkle Stellen bekommen, sind sie nicht mehr genießbar) mit zunehmender Reife gelb und bilden reichlich Kerne im Inneren aus.
Solange sie jung sind, nimmt man diese Gemüsegurken zum Einlegen, macht also daraus Essig- oder Gewürzgürkchen (je kleiner, desto besser!) oder man lässt sie, wenn sie ein wenig größer sind, milchsauer vergären (das sind dann die herrlichen Sauren Gurken oder Salzgurken).
Ausgereift schmecken sie gut geschmort, also als Gemüse, eignen sich aber auch zum Füllen oder sind der Stoff, aus dem man Senfgurken macht. Salatgurken entwickeln nicht so viele und vor allem nicht so dicke Kerne und bleiben auch im ausgereiften Zustand schlank. Übrigens kann man auch sie braten oder dünsten. Sie bleiben knackiger als die Gemüsegurken, entwickeln aber dafür keinen so intensiven gurkigen Geschmack.
Ob man die Schale dranlässt und mitisst, ist Geschmackssache. Solange sie jung und zart ist, sieht es sogar hübsch aus, wenn man sie in Streifen stehen lässt. Im Sommer ist das jedoch allenfalls bei Treibhausfrüchten der Fall – im Freiland bilden Gurken nämlich eine eher unangenehm ledrige, feste Haut, oftmals sogar mit Härchen versehen, welhalb man sie lieber dünn abschält.

Zucchini in vielen Formen und Farben

Bei den Zucchini kennt man eine Vielzahl unterschiedlicher Varianten: Es gibt schlankere und dickere Früchte, sogar kugelrunde, von dunklem, hellem oder ganz blassem Grün, zwei- oder mehrfarbig gesprenkelt oder sogar leuchtend gelb. Weder Form noch Farbe sagen über den Geschmack viel aus – der ist sowieso nicht allzu ausgeprägt, was das Gemüse besonders empfänglich für Gewürze und deshalb auch sehr vielseitig macht. Vielmehr ist die Größe entscheidend! Je kleiner nämlich die Früchte, desto besser und – im Gegensatz zu anderen Früchten – desto intensiver schmecken sie auch: die kleineren nussig-grün, die größeren eher schleimig-fad. Je nach Sorte schmecken Zucchini am besten, wenn sie fingerlang sind oder etwa von der Handwurzel bis zur Mittelfingerspitze reichen. Geputzt sind Zucchini schnell: Einfach den Stiel und eventuell das winzige raue Stück des Blütenansatzes abschneiden – fertig. Nie werden Zucchini geschält! Man liebt sie ja gerade wegen ihrer zarten Haut, die den Gerichten eine hübsche Farbe gibt.

Und noch eins ist wichtig, wenn Sie Gärtner sind: Bitte ernten Sie die Früchte, solange sie klein sind. Armlange und dicke Exemplare sehen vielleicht eindrucksvoll aus, aber sie taugen nichts mehr: Ihre Schale wird dick und fest, die Kerne groß und das Fruchtfleisch wattig. Viel wichtiger aber ist folgender Effekt: Wenn Sie die Früchte regelmäßig entfernen, solange sie klein sind, können Sie auch regelmäßig ernten. Lassen Sie die Früchte jedoch groß werden, könnte die Pflanze ihr unermüdliches Treiben von weiblichen Blüten einstellen, weil sich in den reifen Früchten genügend Samen zur Fortpflanzung gebildet haben. Solange aber keine solche Rückmeldung die Pflanze erreicht, bleibt sie fleißig, versucht sich über die weiblichen Blüten fortzupflanzen und bringt also Ertrag.

Einkauf und Aufbewahrung

Natürlich müssen die Gurken straff und fest sein, und die Zucchini sollen schimmernd glänzen und sich prall anfühlen, wenn man sie einkauft. Eine Binsenweisheit, doch trotzdem sieht man häufig fleckige, gar angestoßene Zucchini im Laden liegen. Sie sind kälteempfindlich, gehören deshalb allenfalls ins Gemüsefach und man sollte sie nicht an anderen, kühleren Zonen im Kühlschrank aufbewahren – lieber bei Zimmertemperatur liegen lassen. Und möglichst nicht zusammen mit Obst, das Äthylen absondert (beispielsweise Äpfel) – vor allem Zucchini altern dadurch besonders rasch.

Bitterstoffe?

Früher musste man stets probieren, ob die Gurke bitter war oder nicht, unter Umständen war sonst der gesamte Salat ungenießbar. Wer es noch nie geschmeckt hat, kann sich gar nicht vorstellen, wie unglaublich bitter Gurken sein können! Inzwischen hat man den Gurken diese Bitterstoffe längst weitgehend weggezüchtet, vor allem den Salatgurken. Nur manche Gemüsegurken können davon noch eine Ahnung liefern, vor allem wenn man sie überlagert. Dann wird ihr sonst so herrlich knackiges Fleisch nicht nur wattig, sondern schmeckt auch unangenehm bitter.

Saure-Gurken-Zeit

Hochsaison haben Gurken im Juli und August bis in den September hinein. Dies ist auch die Urlaubszeit, in der nichts los ist und die Zeitungen gar nicht mehr wissen, worüber sie berichten sollen – daher also der Begriff „Saure-Gurken-Zeit". Sauer werden saure Gurken übrigens keineswegs durch Essig, wie man vermuten könnte, sie entwickeln ihre feine, erfrischende Säure vielmehr durch eine Milchsäuregärung, wie wir sie vom Sauerkraut kennen (siehe auch Seite 14). Und weil Salz nötig ist, um die Gärung in Gang zu setzen, heißen diese sauren Gurken auch Salzgurken.

ZUTATEN

Für ein Glas von 2 bis 2 ½ Litern Inhalt (kann auch Steingut sein):

1 ½ kg schlanke, nicht zu große Gewürzgurken
einige frische Weinblätter
2 rote Zwiebeln
8 Knoblauchzehen
2 Stücke frischer Meerrettich (etwa 1 cm dicke Scheiben) oder Ingwer
2 Dilldolden mit fast reifen Samenkörnchen
1 EL Pfefferkörner
30-35 g Salz auf 1 l Wasser

Salzgurken

Einen Steinguttopf, in dem aber niemals Fetthaltiges aufbewahrt wurde (das ist wichtig!), nochmals sauber auswaschen und kalt ausspülen. Oder ein gläsernes Gefäß nehmen, das leichter fettfrei zu halten ist. Gurken sorgfältig waschen, am besten bürsten. Größere Gurken mehrmals mit einem spitzen Messer einstechen; das verhindert das Hohlwerden der Gurken. Bei kleinen, noch durch und durch festen Gürkchen ist dies nicht nötig. Die Gurken so dicht wie möglich in das Gefäß hineinschichten. Die geschälten, halbierten Zwiebeln, Knoblauchzehen und den geschälten Meerrettich oder Ingwer sowie die Dilldolden dazwischen schichten. Gurken mit Wasser vollkommen bedecken – bis 2 Zentimeter unter den Rand des Glases auffüllen. Pfefferkörner einstreuen und Salz über die Gurken rieseln lassen. Das Glas mit Küchenpapier zudecken.

Wichtig: Das Wasser, das Sie brauchen, um die Gurken zu bedecken, genau abmessen. Danach das benötigte Salz berechnen – je enger Sie die Gurken einschichten, desto weniger Wasser benötigen Sie, desto höher sollte aber auch die Salzzugabe sein (bei dichtem Einschichten also 35 g/Liter Wasser, bei losem Einfüllen 30 g/Liter Wasser rechnen). Sie können auch das Wasser einfach einfüllen, dann wieder abgießen, abmessen, erhitzen und das nun berechnete Salz darin auflösen; abkühlen lassen und erst dann über die Gurken gießen. Das macht zwar etwas mehr Arbeit, Sie können dann aber auch sicher sein, überall den richtigen Salzgehalt zu erzielen. Bis sich nämlich das Salz im kalten Wasser über den Gurken aufgelöst hat, dauert es doch einige Zeit; und nicht ganz makellose oder stark angestoßene Früchte könnten bis dahin schon etwas Fäulnis bilden. Zunächst zwei Tage so offen stehen lassen, dann mit Frischhaltefolie bespannen und in diese ein paar Löcher hineinstechen; so können die bei der nun einsetzenden Milchsäuregärung entstehenden Gase entweichen. Das Glas eher warm stellen, wenn die Gurken schon nach zehn Tagen fertig sein sollen, und eher kühl, wenn es drei Wochen dauern darf. Im Prinzip gilt: Je langsamer die Gärung vor sich geht, desto besser werden die Gurken im Geschmack.

Im Verlauf dieser Zeit ist die Flüssigkeit trüb geworden und auf der Oberfläche haben sich Blasen gebildet. Falls ein dicker weißer Schleier entsteht, so wird er abgeschöpft. Die Gurken dann kühl stellen und nach und nach aufessen.

TIPP

Sollen die Gurken für den Winter haltbar gemacht werden, so gießt man die Flüssigkeit durch ein Tuch und kocht sie auf.
Ein spezielles Konservierungsmittel für Gurken (Gurkendoktor, Gurkenfest, Gurkenhilfe) gemäß Packungsaufschrift abmessen und auflösen. Die Gurken mit der heißen Flüssigkeit übergießen, Gefäß verschließen und abkühlen lassen.

ZUTATEN

Pro Glas (280 ml):

je ½ TL Senf- und Pfefferkörner
1 Lorbeerblatt
3 Wacholderbeeren
5 Pimentkörner
1 Knoblauchzehe
1 Chilischote
Dillblätter und/oder Dilldolden
1 halbe Zwiebel

Gewürzgurken einmachen

1 Gurken von etwa 4 bis 8 Zentimeter sehr gründlich waschen (bürsten!) und über Nacht in Salzwasser ziehen lassen (35 g Salz auf 1 l). Dann abgießen, abtrocknen und in Gläser von 280 ml und größer schichten, dabei auf etwa gleiche Größe achten, kleinere Gurken in kleinere, größere Gurken in größere Gläser packen.
Mit einer Mischung aus halb Essig, halb Wasser und etwas Zucker (3 gehäufte EL auf 1 l Flüssigkeit) übergießen, Würzmischung hinzufügen.

2 Obendrauf Dillblätter und/oder eine Dilldolde (wenn vorhanden mit kleinen Kernen) sowie eine halbe Zwiebel packen. Sie muss sozusagen das Ganze beschweren und runterdrücken, so dass später die Gurken im Sud bleiben und nicht oben rausgucken; sie werden dann nämlich weich!

3 Jetzt entweder sterilisieren oder mit kochend heißer Essig-Wasser-Mischung übergießen. Den Essig aber auf keinen Fall im Messingkessel kochen, sondern unbedingt im Edelstahltopf – das ist wichtig, weil Zucker im Sud enthalten ist, der zusammen mit dem Gurkenessig im Kupfertopf einen üblen Geschmack entwickelt!

4 Wird nur mit heißem Essig übergossen (also nicht sterilisiert, was schonender für die Gurken ist und einen noch besseren Geschmack erzeugt), muss man die Prozedur im Abstand von jeweils 5 Minuten zweimal wiederholen, damit die Gurken wirklich durch und durch erhitzt werden. Die Gläser dann sofort gut verschließen.

ZUTATEN

Für 4 Gläser à 200 ml:

ca. 1 kg sehr kleine Einmachgürkchen
Salz
frische Zweige von französischem Estragon
weiße oder schwarze Pfefferkörner nach Geschmack
Senfsaat
weiße Zwiebeln
Chilisschoten
Essig

Essig- oder Gewürzgurken (Cornichons)

Knackig, würzig, unglaublich appetitanregend und ein stets willkommener Begleiter zu Speck und Würsten. Je kleiner die Gürkchen sind, desto aromatischer und vor allem umso herzhafter sind sie auch.

1. Tag: Kleine Gurken sehr gründlich waschen. Über Nacht in Salzwasser bedeckt stehen lassen (auf einen Liter einen Esslöffel Salz geben).

2. Tag: Am nächsten Tag die Gürkchen abtropfen lassen und ins Glas (oder mehrere kleinere Gläser) legen. Würzen mit viel frischem

TIPP

Auf gar keinen Fall an diese scharfen Cornichons Zucker geben, wenn Sie den Essig im Messing- oder Kupferkessel kochen!

Estragon, einigen Pfefferkörnern, etwas Senfsaat, einer kleinen weißen Zwiebel und einer scharfen Chilischote.
Eine Mischung aus zwei Dritteln Weinessig und einem Drittel Wasser aufkochen (macht man das im Messingkessel, bleiben die Gürkchen schön grün!) und entweder heiß oder erkaltet über die Gurken gießen: kalt, wenn am nächsten Tag weitergearbeitet werden kann, aber heiß, wenn man erst am übernächsten Tag weitermacht! Die Gläser verschließen.

3. Tag: Essig im Messingkessel aufkochen. Die Gurken mit dem kochenden Essig übergießen. Verschließen.

4. Tag: Zum letzten Mal den Essig erneut im Messingkessel aufkochen und heiß über die Gurken gießen, eventuell mit etwas neuem Essig auffüllen, damit die Flüssigkeit die Gläser randvoll füllt. Nach etwa 5 Minuten den noch warmen Essig erneut im Messingkessel aufkochen, wieder heiß über die Gurken gießen und die Gläser endgültig verschließen.

ZUTATEN

2-3 kg reife Gemüsegurken
2 l Essig
1 l Wasser
100 g Zucker
200 g helle Senfsaat
100 g Knoblauch
50 g Ingwer
100 g Meerrettich
6 frische Chilis ohne Kerne
pro Glas 1 Lorbeerblatt

Senfgurken

Die Gurken, die goldgelb sein sollten und nur noch wenig grüne Stellen in der Schale aufweisen dürfen, schälen, längs halbieren und entkernen. Mit reichlich Salz bestreuen und über Nacht Wasser ziehen lassen. Am nächsten Tag die Gurken, die jetzt weich geworden sind, weil sie Wasser verloren haben, abtrocknen und in etwa 2 Zentimeter breite, 5 bis 6 Zentimeter lange Streifen schneiden, oder nach Belieben auch kleiner würfeln. Alle anderen Zutaten (bis auf die Lorbeerblätter) miteinander mischen, heiß über die geschnittenen Gurken schütten. Ziehen und etwas abkühlen lassen. Flüssigkeit abgießen und auffangen. Den Siebinhalt mit den Gurken mischen und alles in passende Gläser abfüllen, in jedes Glas 1 Lorbeerblatt stecken.
Hat man sehr sauber gearbeitet, halten die Gurken so. Besser ist es, sie ganz sanft zu pasteurisieren – etwa 40 Minuten bei 60 °C.

ZUTATEN

Für drei bis vier Personen:

300 g Spaghetti oder eine andere Pasta
Salz
2 Zucchini (ca. 250 g)
2-3 Tomaten
3 EL Olivenöl
3 Knoblauchzehen
Pfeffer
nach Gusto 2-3 EL geriebener Parmesan oder Pecorino
2 EL frisches Olivenöl oder Butter
1 Händchen voll Basilikumblätter

Zucchini-Pasta

Am schönsten ist es, wenn man die Zucchini auf eine ähnliche Form zuschneidet wie die Pasta. Also: Verwendet man Spaghetti, dann die Zucchini längs in streichholzfeine Streifen hobeln. Nimmt man Bandnudeln, in dünne lange Bänder schneiden (etwa auf der Aufschnittmaschine, mit dem Kartoffelschäler oder auf dem Gurkenhobel) und soll es Penne geben, dann schneidet man die Zucchini eben in kleinfingerkurze und -dicke Stücke.

1 Das Spaghettiwasser aufsetzen. Erst wenn es kocht, salzen. Unterdessen die Zucchini putzen, entsprechend der verwendeten Pasta in Streifen, Bänder oder Stücke schneiden. Die Tomaten auf einer Siebkelle ins kochende Wasser halten, eiskalt abschrecken, dann häuten und grob würfeln.

2 In einer tiefen Pfanne das Öl erhitzen, den gehackten Knoblauch (einfach mit der Messerschneide auf die Zehe klopfen, die Zehe auslösen und jetzt mit dem Messer ein paar Mal darüber hacken) darin andünsten, und falls Sie Zucchinistücke verwenden, diese jetzt ein wenig mitdünsten.

3 Die Tomaten zum Knoblauch geben und ebenfalls kurz mitdünsten. Salzen und pfeffern. Die Zucchinistreifen in die Pfanne geben und durchschwenken. Die tropfnasse Pasta zufügen und sogleich auch den geriebenen Käse, wenn Sie welchen nehmen. Alles rasch mischen, dabei einen guten Schuss Olivenöl oder Butter (für den Geschmack!) und reichlich grob gehacktes Basilikum zufügen. Sofort auf Teller verteilen und servieren. Bei Tisch kann sich jeder noch nach Belieben etwas Olivenöl darüber träufeln.

GETRÄNK

Vielleicht einen Wein aus dem Friaul? Einen herzhaften Tocai Friulano, eine Ribolla Gialla (eine sehr kräftige, autochthone – also dort beheimatete – Rebsorte) oder ein Pinot Grigio.

Zucchiniküchlein mit Frühlingszwiebel-Dip

Ein leichtes Sommeressen, aber auch ein kleiner Happen zum Aperitif.

ZUTATEN

Für vier Personen:

100 g Mehl
2 Eier
50 g geriebener Käse
ca. ⅛ l Milch (oder Sahne)
2-3 mittelgroße Zucchini (300 g)
Salz, Pfeffer
Muskat
1 frische Chilischote

Frühlingszwiebel-Dip:

1 Bund Frühlingszwiebeln
Salz
4 EL Olivenöl
1 TL Balsamicoessig
1-2 TL Sherryessig
1-2 TL Chiliessig

1 In einer Schüssel Mehl, Eier und Käse zu einem glatten Teig verquirlen. So viel Milch unterrühren, bis der Teig weich genug ist, um die Zucchini aufzunehmen. Diese auf dem Gemüsehobel in feine Streifchen hobeln und unterrühren. Mit Salz, Pfeffer und Muskat abschmecken. Die winzigfein gewürfelte Chilischote unterrühren. Die Masse eine gute Viertelstunde ruhen lassen. In der Zwischenzeit für die Sauce die Frühlingszwiebeln putzen – es sind für diesen Dip nur die Schlotten, das Grün, nötig (sollten die Zwiebelchen am unteren Ende schon richtig ausgebildet sein, kann man diese abschneiden und anderweitig verwenden – etwa für einen kleinen Salat in Ringe hobeln und mit einer Vinaigrette anmachen). In zentimetergroße Stücke schneiden, in einer Schüssel mit kochendem Wasser übergießen und kurz (eine halbe Minute) ziehen lassen, dann eiskalt abschrecken – so bleibt ihre schöne Farbe stabil. Im Mixer mit etwas Salz und Olivenöl pürieren, mit Balsamico und den beiden anderen Essigen abschmecken.

2 Schließlich in einer (oder gleichzeitig in zwei) Pfannen etwas Öl erhitzen, den Zucchiniteig löffelweise hineinsetzen und zu kleinen, flachen Küchlein verstreichen. Auf beiden Seiten goldbraun und knusprig braten. Auf Küchenpapier abtropfen und mit einem Klecks Dip beträufelt verspeisen – das geht sogar aus der Hand!

GETRÄNK

Als Aperitif passt dazu ein prickelnder Apfelwein oder der gleiche Wein wie zur Pasta.

Gurkencreme mit Matjes und Pellkartoffeln

Genau das Richtige an einem heißen Sommertag: das cremig-erfrischende Gurkenpüree, in dem man sich die heißen Pellkartoffeln zerdrücken kann. Eisgekühlte Matjes dazu und viel Dill – schmeckt wunderbar!

1 Die Gurke schälen und längs halbieren; falls die Kerne sehr stark ausgebildet sind, sie mit einem Löffel herausstreifen. Die Gurkenhälften mit dem Joghurt und Knoblauch und Chili im Mixer pürieren, dabei mit Salz und Pfeffer, vor allem aber mit Zitronensaft und etwas abgeriebener Zitronenschale sowie mit einem Spritzer Worcestershire-Sauce gut würzen. Reichlich fein geschnittenen Dill einrühren – und mit einem guten Schuss Olivenöl abschmecken.

2 Die Gurkencreme gut gekühlt servieren – man isst sie aus einem tiefen Teller und kann sich darin die heißen Pellkartöffelchen zerdrücken. Die Matjesfilets kann man aus der Hand dazu essen – wer das scheut, schneidet sie in Streifen und gibt sie unmittelbar vor dem Servieren in die Creme.

GETRÄNK

Ein frisches Pils ist zum Matjes ideal, passt auch gut zur kalten Creme. Oder ein herzhafter Apfelwein, der die Zunge nach dem Matjes klärt.

ZUTATEN

Für vier Personen:

1 Salatgurke
2 Becher Joghurt (wer nicht auf Kalorien achten muss, nimmt den griechischen Joghurt mit 10 % Fett oder mischt unter den Normalmilchjoghurt einen Teil saure Sahne)
2-3 Knoblauchzehen
evtl. 1 grüne Chilischote
Salz, Pfeffer
1 unbehandelte Zitrone
1 Spritzer Worcestershire-Sauce
1-2 Bund Dill
etwas Olivenöl
außerdem kleine Kartöffelchen und pro Person 1-2 Matjesfilets

Österreichischer Kartoffelsalat

Natürlich erschrickt bei diesem Wort jeder Österreicher, denn dort heißt so etwas Erdäpfelsalat. Vor allem die Kombination mit Gurke ist typisch für unser Nachbarland. Der Erdäpfel-Gurken-Salat gilt mit Recht als der perfekte sommerliche Begleiter zum Wiener Schnitzel – im Winter wird er durch einen Erdäpfel-Vogerl-Salat ausgetauscht (worunter man einen Kartoffelsalat versteht, der mit Feldsalat gemischt ist: ebenfalls geschmacklich ein großer Gewinn!).

ZUTATEN

Für vier Personen:

ca. 600 g festkochende Kartoffeln
1 mittelgroße Salatgurke
Salz, Pfeffer
3 EL milder Essig (z.B. Apfelessig) oder Zitronensaft
3-4 EL Öl (ein gutes Salatöl, z.B. Rapsöl, oder natürlich auch ein nicht zu intensives Olivenöl, zum Beispiel aus Ligurien)
Kräuter: Borretsch, Schnittlauch und Petersilie
evtl. 1 Schuss heiße Fleischbrühe oder 1 EL Frischkäse, mit 2 EL saurer Sahne verrührt

1 Die Kartoffeln möglichst bereits zwei, drei Stunden bevor man den Salat zubereiten möchte in der Schale gar kochen. Kurz abkühlen lassen. Dann pellen und in dünne Scheiben schneiden.

2 Die Gurke – wenn möglich nur Streifen abschälen, so dass noch hübsche dunkelgrüne Spuren zu sehen sind – ebenfalls in Scheibchen hobeln. Mit Salz, Pfeffer, Essig und/oder Zitronensaft sowie Öl anmachen und reichlich fein geschnittene Kräuter untermischen. Falls der Salat zu trocken wirkt, mit einem Schuss heißer Fleischbrühe anfeuchten. Sehr gut passt auch etwas Frischkäse, der mit saurer Sahne verquirlt ist und dem Salat noch mehr Saftigkeit verleiht. Den Salat sehr würzig abschmecken – braucht viel Säure und Salz!

Dazu passt nicht nur ein Wiener, sondern auch jedes andere Schnitzel; auch ein paniertes Stück Fischfilet oder kleine knusprige Buletten sind dazu wunderbar. In diesem Fall ist das geeignete Getränk ein herzhafter Chardonnay, ruhig im kleinen Holzfass gereift – zum Beispiel aus dem Burgenland, etwa von Schloss Halbthurn.

Gurkengemüse

Wichtig: nie zu lange der Hitze aussetzen, Gurken können sonst leicht schwammig werden. Lieber sollten sie etwas Biss behalten.

1 Die Gurken schälen, längs halbieren und mit einem Löffel alle Kerne herausstreifen. Die Hälften quer in halbzentimeterstarke Scheibchen schneiden. In einem flachen Topf in der heißen Butter (es passt auch Olivenöl) andünsten. Den gehackten Knoblauch zufügen, ebenso die Chilischote. Wer nur das Aroma liebt, aber die Schärfe scheut, lässt sie ganz, dann kann er sie vor dem Servieren leicht herausfischen. In diesem Fall die Schote mit dem Messerrücken aufklopfen, damit sie ihren Duft abgeben kann. Ansonsten mit oder ohne Kerne fein würfeln und mitdünsten.

2 Salzen, pfeffern und zugedeckt nur etwa 5 bis 8 Minuten leise schmurgeln lassen. Sahne oder Crème fraîche einrühren und noch mal abschmecken, vor allem mit Zitronenschale. Den fein geschnittenen Dill einrühren und sofort servieren.

GETRÄNK

Wenn das Gemüse zum Schnitzel oder Steak serviert wird, passt ein Weißburgunder oder Spätburgunder Weißherbst vom Kaiserstuhl.

ZUTATEN

Für vier Personen:

2 Schmorgurken
2 EL Butter oder Olivenöl
1 Knoblauchzehe
1 kleine grüne Chilischote
Salz, Pfeffer
2-3 EL Sahne oder
Crème fraîche
abgeriebene Zitronenschale
reichlich Dill

TIPP

Mit etwas Brühe verlängert, ist das eine fabelhafte Gurkensuppe – nach Belieben kann man sie noch mit dem Pürierstab glatt mixen.

ZUTATEN

Für vier Personen:

4-6 Zucchiniblüten
(mit oder ohne Frucht)
ca. 4 Garnelen
1 TL Speisestärke
1 kleine Zucchini
je 1 TL fein gewürfelter Ingwer
und Knoblauch
je 2 EL Schnittlauchröllchen
und fein geschnittenes
(Thai-)Basilikum
1 Spritzer Sojasauce
einige Tropfen Sesamöl
1 Prise Zucker, Salz, Pfeffer

Außerdem:
2 reife Tomaten
2 EL Olivenöl
etwas Zitronenschale
1 TL Balsamico

Gefüllte Zucchiniblüten

Sie sehen so wunderschön aus und man kann sie so vielfältig nutzen! Leider sind sie bei uns nicht so selbstverständlich im Angebot zu finden wie in Frankreich oder Italien. Aber wenn Sie mal Gelegenheit haben, greifen Sie zu! Und wenn Sie selbst eine Zucchinipflanze im Garten haben, dann probieren Sie unbedingt unser Rezept:

Die Zucchini behutsam behandeln, denn die Blüte bricht leicht ab. Die Blüte vorsichtig öffnen, bei den weiblichen Blüten den dicken wattigen Stempel im Inneren entfernen – bei den männlichen ist er nicht so ausgeprägt und kann drinbleiben. Die Garnelen fein würfeln, mit Stärke, winzigen Zucchiniwürfelchen, Ingwer, Knoblauch und Kräutern (etwas Basilikum für die Tomaten zurückbehalten) mischen. Mit Sojasauce, Sesamöl und einer Zuckerprise würzen und mit Salz und Pfeffer abschmecken. Diese Masse, am besten mit Hilfe eines Spritzbeutels, in die Blüten füllen. Die noch anhängenden Zucchinifrüchte längs mehrmals mit einem spitzen Messer einschneiden, damit die Hitze sie gleichmäßig durchdringen kann (siehe S. 141 oben links). Auf einen Rost betten und über Dampf etwa 6 bis 8 Minuten garen – je nach Größe (siehe S. 141 oben rechts). Mittlerweile die Tomaten brühen, häuten, entkernen und das Fleisch in Schnitze teilen. Mit etwas Basilikum mischen und mit Salz, Pfeffer, Olivenöl, abgeriebener Zitronenschale und Balsamico anmachen. Tomaten als Bett auf Vorspeisentellern anrichten, die Zucchiniblüten darauf setzen. Hübsch sieht es aus, wenn man sie dafür längs halbiert und mit der Schnittfläche nach oben anrichtet.

GETRÄNK

Hier passt ein parfümierter Wein, zum Beispiel ein Gelber Muskateller aus Österreich (Südsteiermark) oder ein trockener Traminer aus der Pfalz.

TIPP

Statt des klassischen Spritzbeutels, wie man ihn vor allem in der Konditorei verwendet, kann man zum Einfüllen einen ganz normalen Gefrierbeutel nehmen, dem man eine entsprechend große Spitze abschneidet, damit die Füllung auch durch die Öffnung hindurch passt. Diesen simplen Beutel braucht man nämlich anschließend nicht mühsam zu säubern, sondern wirft ihn einfach weg.

Zucchinigemüse

Hier dürfen Zwiebeln mitbraten, die den milden Zucchini etwas von ihrer Herzhaftigkeit mitteilen. Außerdem Rosmarin und Thymian, Kräuter also, die das südliche Flair des mediterranen Gemüses unterstützen.

Die Zucchini würfeln (etwa 1 Zentimeter Kantenlänge). Zwiebeln feiner würfeln und in einer Pfanne im heißen Öl andünsten. Erst wenn sie schon ein wenig glasig aussehen, die Hitze verstärken und die Zucchini zufügen. Langsam braten, dabei immer wieder die Pfanne schütteln und schwenken, um die Würfel umzudrehen – beim Umrühren mit dem Kochlöffel werden sie allzu leicht zerdrückt. Den fein gehackten Knoblauch zufügen, auch den sehr fein gehackten Rosmarin und den abgezupften Thymian. Salzen und pfeffern. Auf nicht zu sanfter Hitze regelrecht braten, dabei immer an der Pfanne rütteln und die Zucchini umwerfen. Nach Gusto auch etwas fein gewürfelte Chilischote zufügen. Die Mozzarella in knapp zentimeterdünne Scheiben schneiden und nebeneinander auf einer Platte oder auf Portionstellern ausbreiten. Die gedünsteten Zucchini darüber gleichmäßig verteilen. Durch deren Hitze beginnt der Käse jetzt sanft zu schmelzen und entwickelt sein volles Aroma.

BEILAGE

Zum Schluss mit einem Schuss Olivenöl beträufeln und mit knusprigem Weißbrot als Vorspeise oder Imbiss servieren.

GETRÄNK

Ein runder, üppiger Weißwein aus Italien.

ZUTATEN

Für vier Personen:

ca. 600 g Zucchini
1-2 Zwiebeln
3 EL Olivenöl
3-4 Knoblauchzehen
je 2 Zweiglein Rosmarin
und Thymian
Salz, Pfeffer

Außerdem:
200-300 g Büffelmozzarella

Waldpilze

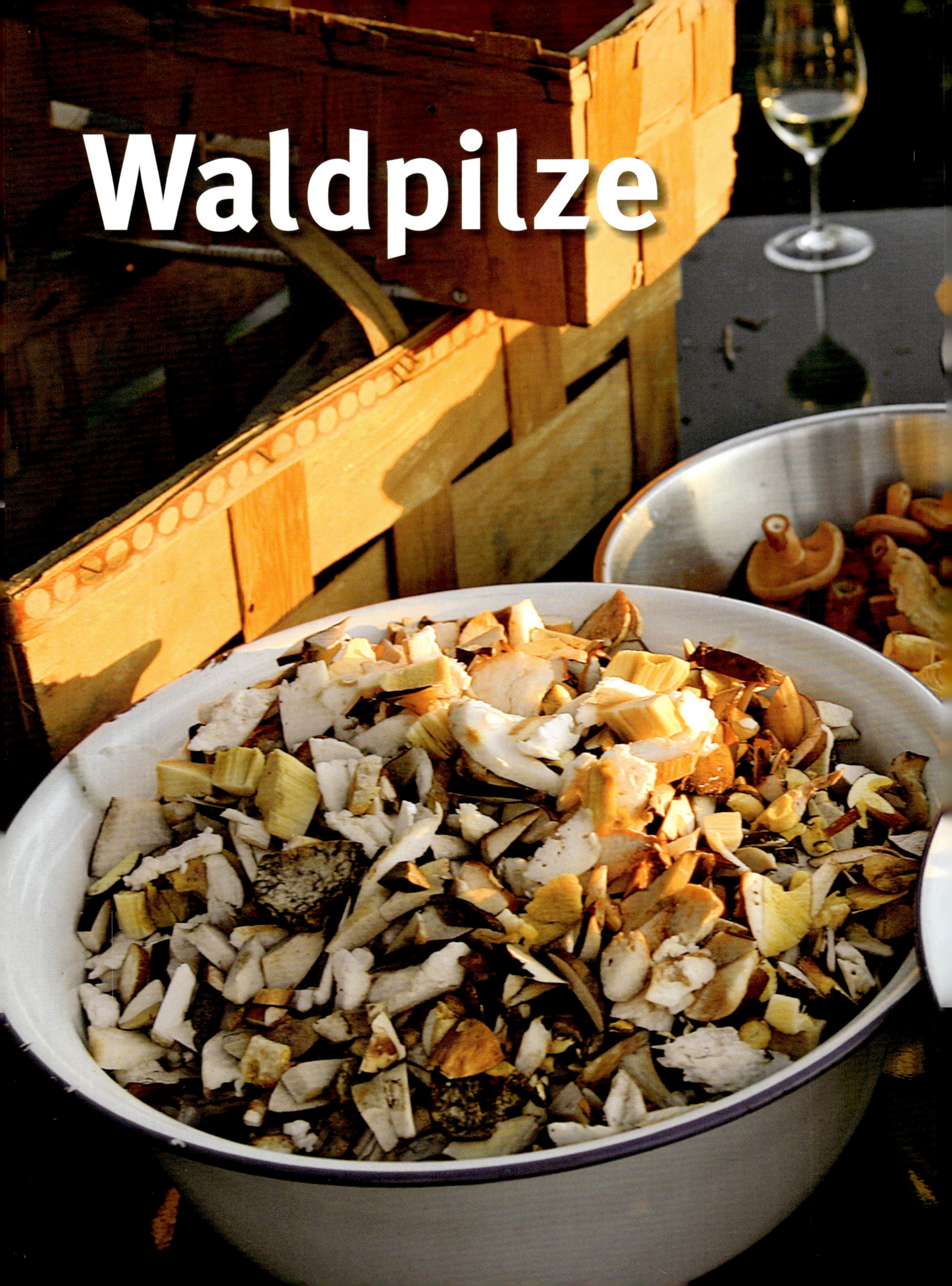

Sammlerglück & Genießerfreuden

Pilze sind einfach wunderbar – selbst der leidenschaftlichste Fleischesser wird damit gern zum Vegetarier, denn selbst er lässt Pilze als das „Fleisch des Waldes“ gelten. Natürlich ist es nicht jedermann gegeben, im Wald selber fündig zu werden – fürs Pilzesammeln muss die Leidenschaft schon früh geweckt werden. Die Kenntnis der Pilze entwickelt sich am besten, wenn man schon von Kindesbeinen an mit dem Großvater, dem Onkel oder der Lieblingstante zum Pilzesuchen ging und so schon früh gelernt hat, sie zu unterscheiden. Diesen Menschen lässt die Lust aufs Pilzesammeln nie mehr los, selbst wenn ihn das Leben weit weg von pilzreichen Wäldern in die Großstadt verschlägt.
Aber auch wer nicht dieses Glück hatte, braucht heutzutage nicht unglücklich zu sein: Er kann von der Öffnung Europas nach Osten profitieren, wo es offenbar unerschöpfliche Pilzwälder gibt. Denn seither quellen unsere Märkte vom Spätsommer an über vor erschwinglichen Pilzen in bester Qualität. Pfifferlinge aus Litauen oder Serbien, Steinpilze aus Ungarn und Slowenien, Herbsttrompeten aus Rumänien usw.

In jedem Fall gilt für Pilze: Frisch sollten sie sein und bis zur Zubereitung sorgsam gekühlt. Und selbstverständlich muss man sie dann rasch verzehren.

Zuerst werden die Pilze geputzt. Nicht mehr schöne, aufgequollene Schwämme (etwa die Röhren an der Unterseite des Huts von Maronen und Steinpilzen) entfernen, angefressene Stellen herausschneiden, madige sowieso. In jedem Fall Pilze nur wenn unbedingt nötig waschen, und wenn, dann sehr rasch, am besten unter der fließenden Brause. Sonst saugen sich die Pilze nämlich voll Wasser – nicht von ungefähr nennt man sie auch Schwammerl! – und dieses müssen sie in der Pfanne erst wieder durch langes Köcheln abgeben. Das ist ihrem Wohlgeschmack nicht förderlich.

Gedünstete Pilze (Grundrezept)

Auf diese Weise werden die meisten Pilze zubereitet, auch Champignons oder andere Zuchtpilze.

ZUTATEN

Für vier Personen:

1 Zwiebel
1-2 Knoblauchzehen
2 EL Butter oder Öl
ca. 500 g geputzte Pilze
Salz, Pfeffer
evtl. ½ Tasse süße Sahne
½ Tasse Brühe und/oder
1 reife Tomate
1 kleines Bund glatte oder krause Petersilie
180 g Mehl
3 Eier
Salz
gut ¼ l Milch
ein Schuss Wasser
Butterschmalz zum Backen

1 Zwiebel und Knoblauch fein würfeln und in Butter oder Öl andünsten. Sorgsam geputzte, fein geschnittene Mischpilze dazu, gleich salzen und pfeffern. Leise köcheln, bis alles zusammen geschmurgelt ist.

2 Hat man zum Andünsten Butter genommen, mit einem Schuss Sahne auffüllen. Wer den reinen Pilzgeschmack bevorzugt, hat vielleicht mit Olivenöl gedünstet und füllt dann lieber mit etwas Brühe auf, um dem Pilzgericht genügend Feuchtigkeit zu geben. Auch eine gehäutete, gewürfelte Tomate passt vorzüglich. Fein gehackte Petersilie dazugeben (man kann auch die Hälfte mitdünsten und gibt erst zum Schluss den Rest hinzu) – fertig.

So schmecken Pilze zu Kartoffeln und zur Pasta, in Bayern liebt man sie zu Semmelknödeln. Wir servieren sie gern zu Pfannkuchen. Darin werden sie eingerollt, dazu gibt's einen grünen Salat!

ZUTATEN

180 g Mehl
3 Eier
Salz
gut ¼ l Milch
1 Schuss Wasser
Butterschmalz zum Backen

Pfannkuchen

1 Mehl und Eier mit dem Schneebesen glatt rühren, dabei salzen. Erst wenn sich alles innig verbunden hat und keine Klümpchen mehr zu sehen sind, langsam die Milch unterrühren. Wenn nötig, noch einen Schuss Wasser angießen – der Teig sollte die Konsistenz von flüssiger Sahne haben, also sehr dünn sein! Sonst werden die Pfannkuchen nämlich zu dick. In einer Pfanne wenig Butterschmalz zerschmelzen, eine kleine Kelle Teig hineingießen, dabei die Pfanne hochnehmen und rasch drehen, bis der gesamte Boden gleichmäßig davon überzogen ist. Sobald die untere Seite goldene Tupfen zeigt, den Pfannkuchen wenden und auch auf der anderen Seite Farbe nehmen lassen.

VARIANTE

Natürlich liebt Moritz auch zu Pilzen was? Genau, einen Kartoffelsalat! Dafür frische, fest kochende Kartoffeln pellen und in Scheibchen schneiden, fein gewürfelte Schalotte und gehackte Petersilie dazugeben. Anmachen mit einer Vinaigrette aus Apfelessig, Salz, Pfeffer und einem aromatischen Olivenöl.

GETRÄNK

Ein Inzolia aus Sizilien, das ist ein einfacher, nicht zu kräftiger Weißwein. Oder ein junger roter Landwein, zum Beispiel aus der Pfalz.

TIPP

Gleichzeitig in zwei Pfannen arbeiten, das beschleunigt das Ganze – allerdings muss man dann sehr flink sein, damit die Pfannkuchen nicht zu dunkel werden. Übrig gebliebene Pfannkuchen sind eine willkommene Suppeneinlage, so genannte Flädle oder, auf gut Österreichisch, Frittaten. Dafür die Pfannkuchen aufrollen und in sehr feine Streifen schneiden. In Suppenteller verteilen, mit kochend heißer Brühe auffüllen und mit Schnittlauchröllchen bestreuen.

Eier und Pilze – Ein ideales Paar

Pilze gelten, wie gesagt, als das so genannte »Fleisch des Waldes«, denn sie liefern reichlich Eiweiß. Und deshalb sollte man sie auch wie ein rohes Ei behandeln: also stets kühl halten, damit das empfindliche Eiweiß nicht verdirbt, und bald verbrauchen. Außerdem verbindet man Pilze gern mit Ei, weil sich so das pflanzliche mit dem tierischen Eiweiß perfekt ergänzt. Ein idealer Fall also von ausgewogener Ernährung, denn die Verbindung von beiden ergibt eine bessere biologische Wertigkeit der ganzen Mahlzeit.

Hühnereier, früher kostbar, sind heute eine für jeden erschwingliche Zutat, die man geradezu als Allzweckwaffe in der Küche ansehen kann. Zusammen mit Pilzen liefern sie echte Powerkost: eine Fülle von Nährstoffen, arm an Kalorien und bekömmlich. Es schmeckt also nicht nur gut, Pilze zusammen mit Eierpfannkuchen zu servieren, in pochierte Eier einzuarbeiten oder sie einfach unters Rührei zu mischen, sondern es ist auch ein ernährungsphysiologischer Idealfall.

Was die Eier angeht, so hat sich mittlerweile in Sachen Kennzeichnung ein wenig getan. Ein Stempel auf der Packung, oftmals sogar auf jedem Ei, klärt über Herkunft, Haltung und Alter auf. Es wird allerdings von Instituten, die von den Verbänden mit Untersuchungen beauftragt werden, immer wieder bezweifelt, dass die Haltung Auswirkungen auf Geschmack und Inhaltsstoffe haben kann. Und da Geschmack sich nicht wissenschaftlich überprüfen lässt, muss man sich hierbei auf seine Zunge verlassen. Wir jedenfalls können durchaus einen Unterschied feststellen zwischen Eiern von Hühnern, die in der Wiese haben herumpicken dürfen, und solchen, die im Käfig sitzen. Allerdings muss man sich im Klaren sein, dass solche Eier ihren Preis haben, also etwas mehr kosten. Die Eier werden außerdem nach den Größen S, M, L bis XXL sortiert – diese kennt man schließlich vom T-Shirt-Kauf.
Kleine Eier bringen in Relation zum Gewicht mehr Eigelb – das ist gut fürs Rührei. Aber zum Backen nimmt man besser große, weil für viele Rezepte das Verhältnis zwischen Eigelb und Eiweiß wichtig ist. Man rechnet übrigens pro Eiweiß zwischen 40 bis 45 Gramm, das ganze Ei wiegt ca. 60 bis 65 Gramm.

Salmonellen: Immer wieder kommen Eier deswegen in die Schlagzeilen. Normalerweise sorgt ein im Ei enthaltenes Enzymsystem dafür, dass diese Bakterien sich nicht vermehren. Das allerdings wird nach etwa zehn Tagen allmählich unwirksam. Im Kühlschrank wird dieser Schwund verzögert – deshalb gehören Eier unbedingt stets gekühlt. Zum Backen und Kochen sind die Eier übrigens selbstverständlich auch nach zehn bis vierzehn Tagen noch zu gebrauchen, nur als weiches Frühstücksei mit seinem noch flüssigen Dotter oder sanft pochiert sollte man es nicht mehr servieren.
Umso unverständlicher, warum die Eierproduzenten-Lobby es noch immer erfolgreich verhindern konnte, dass der Legetag auf das Ei gedruckt wird. Bisher ist nur ein so genanntes Mindesthaltbarkeitsdatum auf der Packung nötig, das genau 28 Tage später liegt. Man muss also stets kopfrechnen und die Schachtel aufbewahren, um sicher zu sein, ob das Ei noch fürs Frühstück taugt oder zum Pfannkuchen werden soll. Nicht unbedingt sehr verbraucherfreundlich!

An den Ziffern auf dem Ei kann man inzwischen jedoch immerhin ablesen, wie das Huhn gehalten wurde, das dieses Ei gelegt hat: Da steht **0** für Ökohaltung, **1** = Freiland, **2** = Bodenhaltung, **3** = Käfighaltung. **DE** bedeutet, dass die Hühner in Deutschland gelegt haben, die weiteren Ziffern beschreiben den Betrieb und die Stallnummer.
Niedlich und wohlschmeckend sind Wachteleier. Damit lässt sich auch hübsch dekorieren, zum Beispiel in unserem nächsten Rezept.

ZUTATEN

Für vier Personen:

1 Zwiebel
1-2 Knoblauchzehen
2 EL Butter
ca. 300 g Pfifferlinge
¼ l Brühe
ca. 200 ml Sahne
Salz, Pfeffer
frisches Bohnenkraut
8-10 Wachteleier

Pfifferlingsuppe mit verlorenem Ei

Was ist der Unterschied zwischen einem verlorenen und einem pochierten Ei (was ja im Prinzip küchentechnisch dasselbe ist)? Das Erstere lässt man einfach in die fertige Suppe gleiten, wo es sanft gar zieht beziehungsweise nur außen fest wird und der Dotter noch weich bleibt. Das pochierte Ei hingegen wird nach allen Regeln der Kochkunst in Essigwasser separat gegart und erst unmittelbar vor dem Servieren in den Suppenteller gelegt (siehe auch Seite 74).

1 Zwiebel und Knoblauch schälen, fein würfeln und in der Butter andünsten. Die geputzten Pilze zufügen und mitschmurgeln. Mit Brühe und Sahne auffüllen. Salzen, pfeffern und etwa 5 bis 8 Minuten leise köcheln. Zum Schluss das fein geschnittene Bohnenkraut einrühren, noch mal abschmecken.

2 Erst unmittelbar vor dem Servieren die Wachteleier darin verlieren. Einzeln aufschlagen. Das geht übrigens am besten mit einem Sägemesser oder mit einer stabilen Nadel. Denn die Schale von Wachteleiern ist zwar hübsch, lässt sich aber sehr schwer exakt durchtrennen, zumal darunter das Häutchen so zäh ist, dass man es oft gar nicht öffnen kann. Die Nadel hilft dann, es zu durchstoßen. Die Eier sind übrigens bereits nach 1 bis 2 Minuten gar – die Suppe dann also unverzüglich auftragen, damit das Eigelb noch flüssig beziehungsweise wenigstens noch cremig ist.

GETRÄNK

Dazu passt ein würziger Weißwein, zum Beispiel ein Sauvignon aus Friaul in Norditalien.

Steinpilze

Steinpilze sind die häufigsten Wildpilze (neben Pfifferlingen), die man auf dem Markt kaufen kann. Achten Sie darauf, dass sie sich fest anfühlen – je länger sie liegen, desto weicher und wattiger werden sie. Außerdem entwickeln sich dann auch geradezu sprunghaft die Würmchen, die innerhalb von ein paar Tagen den Pilz von innen her regelrecht auffressen können. Deshalb ist es ratsam, sich vom Händler fragliche Exemplare aufschneiden zu lassen. Die Pilze dürfen übrigens im Prinzip nur aufgeschnitten verkauft werden, was zwar eine Beruhigung für den Verbraucher bedeuten kann, aber doch auch eine brutale Art der Demonstration ihrer Unschuld ist. Deshalb verzichten Händler vor allem auf den Märkten darauf, alle Pilze zu halbieren, und schneiden sie nur auf Verlangen durch – meist ziemlich widerwillig und unfreundlich, aber sie müssen! Schließlich sind Steinpilze teuer.
Im Wald sind sie rar, aber sie sind einigermaßen gut zu erkennen. Man kann sie mit den Bitterlingen verwechseln, die oft einen ebenso schönen Hut haben. Der sitzt auf einem dicken Fuß, welcher allerdings im Unterschied zu dem der Steinpilze grau und nicht schneeweiß bis braunbeige ist. Die Röhren unterhalb des Huts sind außerdem rosa, nicht weiß, beziehungsweise bräunlich.

Steinpilz-Salat

Dafür braucht man ganz junge, noch kleine, sehr feste Pilze. Sie werden nur am Fuß von Waldbodenresten gesäubert, dann auf einem Trüffelhobel (oder auf der Aufschnittmaschine – der Gurkenhobel ergibt im Allgemeinen zu dicke Scheiben) ganz fein geschnitten.

1 Die Pilze in dünne Scheibchen hobeln – eventuell direkt auf den Teller. Mit etwas Zitronensaft beträufeln, salzen (hier ist das edle Fleur de sel – siehe Seite 22 – am Platz!), pfeffern und mit Olivenöl beträufeln. Die Schalotte oder Zwiebel sehr fein gewürfelt darüber streuen. Die Basilikumblätter (man kann auch Petersilie nehmen!) ebenso in feinste Streifen schneiden und darüber verteilen.

BEILAGE
Dazu passt am besten geröstetes Toskanabrot (a so ein herzhaftes Weißbrot aus Hartweizenmehl).

GETRÄNK
Ein kraftvoller weißer Burgunder.

ZUTATEN
Für zwei Personen:

2-4 schöne feste, junge Steinpilze
ca. 2 EL Zitronensaft
Salz, Pfeffer
2-3 EL Olivenöl
1 Schalotte oder junge Zwiebel
Basilikum

Steinpilze en cocotte

Cocotte nennt man in Frankreich Töpfe (irden oder aus Gusseisen), die feuerfest sind und deshalb in den Ofen gestellt werden können, wo sie die Hitze gleichmäßig an den Inhalt abgeben. Diese Zubereitung ist so simpel, dass man nicht glauben kann, welch großartigen Geschmack man damit erzielt. Hierfür sollte man eher große Pilze nehmen, auch solche mit dickeren Schwämmen, die auf diese Weise ein besonderes Aroma entwickeln. Wichtig ist ein gut schließender Deckel, der die Düfte im Topf hält. Falls der nicht vorhanden ist, kann man den Topf auch mit Alufolie verschließen.*

ZUTATEN

Für zwei Personen:

2-4 schöne Steinpilze
Salz, Pfeffer
ca. 3 EL Olivenöl

1 Die Pilze putzen, auch dickere Schwämme nicht entfernen; selbst den Stiel kann man am Kopf lassen, wenn er nicht zu lang ist! Mit der Oberseite nach unten in den Topf betten, der sie nebeneinander aufnehmen sollte (andernfalls in Partien arbeiten – dann kann man den ersten Pilz verspeisen, während der nächste im Ofen schmort). Salzen, mit Pfeffer würzen und mit Olivenöl beträufeln. Den Topf gut verschließen und in den auf 200 °C vorgeheizten Backofen stellen.

2 Nach etwa 10 Minuten (kleinere Pilze) bis ungefähr 20 Minuten sind die Pilze gar, nämlich schmelzend zart und durch und durch saftig. Dazu nichts weiter als frisches Weißbrot, mit dem man den köstlichen Saft aufsaugen kann.

GETRÄNK

Ein kraftvoller Weißwein, etwa ein Chardonnay aus Burgund.

TIPP

Wenn man Esskastanienblätter zur Verfügung hat, kann man diese unten in die Cocotte legen – so macht es der Drei-Sterne-Koch Alain Ducasse in seinem Restaurant Louis XV *in Monte Carlo!*

ZUTATEN

Für vier Personen:

ca. 500 g Blutreizker
1 Zwiebel
1-2 Knoblauchzehen
Salz, Pfeffer
2-3 EL Olivenöl
4-5 mittelgroße gekochte Kartoffeln
1 Bund Petersilie

Reizker mit Kartoffeln

Diese orange leuchtenden Pilze mit ihrem in noch röterer Färbung hervortretenden Saft schmecken einfach umwerfend gut, wenn man sie scharf brät. Zuerst in der trockenen Pfanne braten, dann Olivenöl dazu, Knoblauch und zerdrückte, gekochte Kartoffeln. So hat uns vor vielen Jahren eine Fischersfrau in der Provence Reizker vorgesetzt. Noch heute eine unserer Lieblingszubereitungen!

1 Die Pilze putzen, möglichst nur solche nehmen, deren Hut sich noch richtig trichterförmig nach oben öffnet, denn sobald sie ihn schirmartig aufgefaltet haben, werden sie leicht zäh und schmecken fischig. Auch sollten sich auf keinen Fall grünliche Ringe oder Stellen zeigen – dann sind sie zu alt.

2 Die Pilze in Scheibchen schneiden und in der trockenen Pfanne braten, bis sie all ihren Saft abgegeben haben und dieser verkocht ist. Jetzt fein gewürfelte Zwiebel und Knoblauch zufügen und nach einer halben Minute bereits langsam das Öl zugießen. Nun muss alles zugleich ein paar Minuten richtig braten. Salzen, pfeffern. Schließlich die gewürfelten Kartoffeln zufügen und auch noch einige Minuten mitbraten. Zum Schluss die gehackte Petersilie untermischen und das bäuerliche Gericht am besten in der Pfanne zu Tisch bringen.

BEILAGE

Frisch aufgebackenes Weißbrot. Eventuell ein knackiger Blattsalat, angemacht nur mit Kräutern, Zitronensaft und Olivenöl.

GETRÄNK

Ein erfrischender Rosé aus der Provence.

TIPP

Die Eier entweder absolut hart kochen (ca. 10 Minuten) oder nur so lange, bis das Eigelb gerade eben noch einen weichen Kern aufweist (ca. 8 Minuten) oder überhaupt nur weich kochen (ca. 4 bis 5 Minuten) – dann ist das Eigelb noch so flüssig, dass es in die Sauce fließt, wenn man es mit der Gabel zerteilt – ganz nach persönlichem Geschmack.

Herbsttrompeten in Rahmsauce

ZUTATEN

Für vier Personen:

2-3 Frühlingszwiebeln
2 EL Butter
1-2 Knoblauchzehen
500 g Herbsttrompeten (Pfifferlinge, Perlpilze, Steinpilze, natürlich auch jede andere Mischung!)
Salz, Pfeffer
1-2 Glas Sherry, Portwein oder Madeira
200 ml Sahne
6-8 Eier

Die sahnige Variante des Grundrezepts eignet sich besonders für Pilze, die normalerweise viel eigene Flüssigkeit haben; so wird die Sahne mit Pilzsaft verdünnt und macht das Gericht nicht so schwer und mächtig. Wir servieren die Sauce gern mit gekochten Eiern, sie passt natürlich auch bestens zu einem Steak oder Schnitzel!

1 Die Frühlingszwiebeln putzen, das Grün beiseite legen, das Weiße fein schneiden. In der Butter andünsten, den Knoblauch fein würfeln und zufügen. Sodann die geputzten Pilze mitdünsten und würzen. Am Ende mit Sherry oder Portwein ablöschen. Etwas einkochen, bevor mit Sahne aufgefüllt wird. Gut abschmecken.

2 Das Frühlingszwiebelgrün in recht feine Ringe schneiden und frisch unterrühren. Nur noch einmal kurz aufwallen lassen, dann sofort über die inzwischen gekochten Eier gießen.

GETRÄNK

Auch hierzu passt ein fruchtiger Rosé aus der Provence.

Rührei mit Pilzen

Das ist Pilzsammlers Trostessen: Selbst wenn er nicht mehr als ein Händchen voller Pilze aus dem Wald mitgebracht hat – für ein Rührei reicht es sicher allemal!

1 Entweder in zwei Pfannen arbeiten oder hintereinander, in letzterem Fall mit den Pilzen beginnen, die ja eine längere Garzeit als die Eier haben. Ein Esslöffel Butter in der Pfanne erhitzen, die Pilze darin andünsten wie im Grundrezept beschrieben. Wer mag, gibt auch einige Würfel fein gehackter Zwiebel oder Schalotte dazu. Salzen und pfeffern.

2 Die Eier verquirlen und würzen, in die Pfanne mit der restlichen Butter gießen, die zunächst schön heiß sein sollte. Dann die Hitze reduzieren, die Eier unter sorgfältigem Rühren zur Hälfte stocken lassen. Die gedünsteten Pilze zufügen und alles sorgsam mischen. Oder die Eier zu den angedünsteten Pilzen geben. Schnittlauchröllchen darüber streuen und sofort servieren – auf keinen Fall noch stehen lassen, weil sonst das Ei zu fest wird. Es muss noch saftig und cremig sein!

ZUTATEN

Für ein bis zwei Personen:

3 EL Butter
1-2 Hand voll Pilze
evtl. 1 Zwiebel oder Schalotte
3-4 Eier
Salz, Pfeffer
etwas Muskat
Schnittlauch

BEILAGE

Bauernbrot, nach Belieben geröstet und eventuell sogar mit Knoblauch abgerieben.

GETRÄNK

Ein feiner Weißburgunder, zum Beispiel vom Kaiserstuhl oder vom Bodensee.

Pilzpaste

Zum Schluss noch ein Vorratstipp: Pilze, die weniger schön sind, auch solche mit dicken Schwämmen, werden nach dem Grundrezept gedünstet – mit Zwiebeln, Knoblauch, eventuell auch etwas Chili und gehackten Kräutern (Petersilie oder Basilikum). Am Ende wird alles gemixt. So entsteht eine unerhört würzige Creme – gut für Spaghetti, auf Crostini und eingeweckt oder eingefroren hervorragend für den Vorrat. Zum Einwecken am besten in Schraubgläser füllen. In der mit Wasser gefüllten Fettpfanne oder einem Bräter im Backofen bei 180 °C sterilisieren – ca. 30 bis 50 Minuten (je nach Größe der Gläschen), so lange nämlich, bis in den Gläsern Luftbläschen emporsteigen. Langsam abkühlen, am besten im Backofen, dann hält sich die Paste ein gutes Jahr lang.

Italienisches Menu

Ein italienisches Menü – Die leichteste, frischeste und fröhlichste Küche der Welt

Ein typisch italienisches Menü – und schon geht die Sonne über dem Esstisch auf! Es weiß mittlerweile ja jedes Kind: In Italien ist es nicht mit einem Tellergericht getan – da setzt man sich für eine ganze Speisenfolge zu Tisch und nimmt sich auch die entsprechende Zeit, sie zu genießen.

Immer beginnt alles mit den Antipasti, was eigentlich nichts weiter heißt als „vor der Pasta", also vor dem Nudelgang. Und wie das Wort mit seiner Endung bereits andeutet, kommen Antipasti stets im Plural vor. Verschiedene kleine Vorspeisen also, die gar nicht viel Mühe machen müssen, die sich im Allgemeinen auch gut vorbereiten lassen und oft schon fix und fertig bereitstehen, wenn man sich zu Tisch setzt. Das können zum Beispiel ein paar Oliven sein, dünne Scheibchen Salami oder roher Schinken, wie das Bild auf der vorigen Seite zeigt, auch Würfel von jungem Pecorino, dazu junge Puffbohnen, die man nebenher knabbert. Oder etwa Melone mit Schinken, was ja bekanntlich überhaupt keine Arbeit macht, höchstens die Mühe, eine wirklich reife, also duftende und wohlschmeckende Melone zu finden.
Natürlich kennt die italienische Küche eine Fülle der unterschiedlichsten kleinen Vorspeisen, oft auf der Basis von Gemüse, häufig mit Fisch und Meeresfrüchten, aber auch mit Fleisch. Danach folgt der **primo**, der erste Gang. Meist ist das ein Teller Spaghetti oder eine andere Art von **pasta**, mit einer der ungezählt vielen Saucenvarianten, für die die italienische Küche in der ganzen Welt geliebt wird. Das kann aber auch ein Risotto sein oder die sanften, zarten Gnocchi, kleine Bällchen oder Klößchen aus einem duftigen, flaumigen Kartoffelteig. Gern auch eine gehaltvolle Gemüsesuppe.
Nudeln oder Reis werden in Italien ja stets als eigenständiges Gericht, niemals wie bei uns als Beilage serviert. Überhaupt tischt man in Italien die einzelnen Bestandteile eines Essens lieber nacheinander auf. Wenn man so will, ist das, was bei uns auf Neudeutsch Sättigungsbeilage heißt, sozusagen der erste Gang, der **primo**.

Fleisch oder Fisch, das Hauptgericht also, wird anschließend als zweiter Gang, als **secondo**, aufgetragen. Salat kommt danach. Und vor dem Dessert ist zwingend ein Stück Käse angesagt. Es muss ja nicht immer eine reich bestückte Käseplatte sein. Aber ein Stückchen Käse ist ernährungsphysiologisch höchst empfehlenswert, denn Käse hilft mit seinen Enzymen der Verdauung auf die Sprünge. Er schiebt sie an und sorgt dafür, dass die Maschinerie unseres Darms reibungslos funktioniert, alles gut verwertet und vom Körper aufgenommen wird.

Olivenöl: Gesundheit und Genuss

Unsere Ärzte und Ernährungsphysiologen werden ja nicht müde, sie zu loben und zu empfehlen, die so genannte »italienische« oder »mediterrane Diät«. Womit natürlich nicht irgendeine neuartige Abmagerungskur gemeint ist, sondern das Wort in seiner angelsächsischen Bedeutung, das man eigentlich mit »Ernährungsweise« übersetzen müsste. Längst ist wissenschaftlich bewiesen und erklärt, dass und warum die Menschen rund ums Mittelmeer seltener Herzinfarkte bekommen, weniger Probleme mit dem Übergewicht haben und sich einer langen Lebenserwartung erfreuen: Kaum eine Art der Ernährung ist so bekömmlich, so belebend und auch nur annähernd so gesund. Sie ist geprägt von den frischen Zutaten (im Gegensatz zu industriell Produziertem!), mit Schwerpunkt auf Gemüse und

Obst, die reichlich Ballaststoffe liefern und leicht verdauliche Kohlenhydrate. Dafür gibt es weniger tierische Proteine und wenn, dann eher die bekömmlicheren, vorzugsweise von Fisch, Kalb und Geflügel, an Stelle der schwerer im Magen liegenden vom Rind oder vom fetten Schwein.

Der Wein dazu, natürlich in Maßen genossen, hilft ebenfalls, weil seine Enzyme die Verdauung ankurbeln und unterstützen. Überhaupt liefert die Speisenfolge, dank ihrer Vielfalt und weil sie abwechslungsreich ist, in schöner Ausgeglichenheit sämtliche Vitamine, Mineralien, Spurenelemente und Enzyme, die der Körper braucht.

Und was das Olivenöl angeht, so weiß man ja schon lange, dass es sich dabei um eines der gesündesten Fette überhaupt handelt, das vom Körper besonders leicht und vollständig aufgenommen werden kann. Untersuchungen haben sogar unlängst ergeben, dass darin Stoffe enthalten sind, die Schmerzen lindern können. Der amerikanische Wissenschaftler Gary Beauchamp hat entdeckt, dass im Olivenöl der Wirkstoff Oleocanthal enthalten ist, der nachweislich Entzündungen hemmen kann. Beauchamp ist deshalb mehr denn je davon überzeugt, dass man mit der mediterranen Ernährungsweise »das Risiko für Herzinfarkt, Schlaganfall und manche Krebsarten signifikant senken kann«.

Ein schönes italienisches Menü ist also reine Medizin! Abgesehen davon stimmt es uns ja auch fröhlich, nicht zuletzt, weil man ein solches Essen selten einsam und alleine zu sich nimmt, sondern meist mit Familie und/oder Freunden teilt! Immer wieder raten wir deshalb allein stehenden Menschen, ab und zu mal Nachbarn, Bekannte oder Arbeitskollegen zu sich einzuladen und für sie zu kochen. Das gemeinsame Essen schmeckt nicht nur besser und macht nicht nur mehr Freude, sondern gibt auch die Gelegenheit, sich im Gespräch auszutauschen und näher zu kommen – gemeinsame Tafelfreuden sind eben nicht nur Ernährung, sondern auch ein kultureller Akt!

Doch zurück zum **Olivenöl**. Da wird nämlich viel betrogen und keineswegs kann man sich darauf verlassen, dass stimmt, was das Etikett behauptet. Und wenn bei Tests immer wieder ein Olivenöl zum Preis von € 5,60 pro Liter die Note »gut« bekommt – womöglich obendrein noch den Eindruck erweckt, aus der Toskana zu stammen, und damit meist etwas vortäuscht, was nicht sein kann! –, weiß man eigentlich, dass man beim Einkauf sehr auf der Hut sein muss. In der Toskana ist auch unter Einbeziehung der EU-Fördermittel ein Liter »Extra vergine« nicht unter € 10,- kostendeckend zu produzieren. Eine gewisse Gewähr, dass die Öle wenigstens aus dem angegebenen Anbaugebiet stammen, bietet das blaue europäische Siegel für die geschützte Herkunft. Es garantiert jedoch keineswegs auch eine hochwertige Verarbeitung und Freiheit von Schadstoffen.
Eines jedenfalls ist sicher: Nur wenn Oliven innerhalb von spätestens fünf Stunden nach der Ernte (per Hand, nicht per Rüttler und Kehrmaschine!) mit modernster Technik verarbeitet werden, lassen sich unerwünschte Oxidationsprozesse vermeiden. Diese haben nämlich jene sensorischen Defekte zur Folge, die mit einer für „extra vergine“ nicht zugelassenen Wärmebehandlung dann wieder beseitigt werden müssen.

Die beste Möglichkeit, ziemlich sicher gute bis beste Qualität zu bekommen, ist diese: Olivenöl nicht im Supermarkt, sondern in Wein- und Feinkostläden, bei Importeuren oder bei spezialisierten Versandhändlern zu kaufen, die Produkte von handwerklichen Produzenten anbieten. Denn fast alle Güter, die guten Wein erzeugen, verfügen auch über Olivenbäume und sind ebenso stolz auf die Qualität ihres edlen Öles!

Das Brot

*Immer gehört Brot in Italien auf den Esstisch, meist ist es Weißbrot. In jeder Region kann es ein bisschen anders aussehen und von unterschiedlicher Beschaffenheit sein. Im ganzen Land als das beste Brot geschätzt ist das dichte und dennoch großporige Brot aus Apulien (*pane pugliese*), für das ein besonders harter und wertvoller Weizen verwendet wird. Dieser Weizen (oft Manitoba aus Kanada) liefert ein Mehl, das mehr Vitamine und Mineralstoffe aufweist als das aus herkömmlichem Weizen (in guten Mühlen kann man dieses Mehl auch bei uns kaufen!). Es hat besonders gute Backeigenschaften und man kann daraus ein ungewöhnlich geschmacksintensives, außerordentlich gut haltbares Brot backen.*

Für den Teig aus diesem harten Weizenmehl braucht man übrigens deutlich mehr Wasser als bei Verwendung von normalem Haushaltsmehl. Besonders locker und großporig wird das Brot, wenn man etwas Sauerteig untermischt. Diesen rührt man sich beim ersten Mal aus der Tüte (Reformhaus) an. In der Folge darf man nicht vergessen, immer eine kleine Hand voll Teig vor dem Backen beiseite zu legen. In einem Schraubglas hält er sich im Kühlschrank mehrere Wochen. Wer ihn länger aufbewahren möchte, friert ihn einfach ein.

ZUTATEN

Für 3 Laibe:

1 kg Manitoba- oder Hartweizenmehl
½ Würfel Hefe
½ TL Zucker
ca. ¾ l lauwarmes Wasser
1 Beutel Sauerteig
1 EL Salz
evtl.l 1-2 EL Olivenöl
Hartweizengrieß für die Form

1 Das Mehl in die Schüssel der Küchenmaschine füllen. Die Hefe mit dem Zucker in einer Tasse Wasser auflösen und in das Mehl gießen, dabei zu einem Brei verrühren und zugedeckt eine halbe Stunde gehen lassen. Das Sauerteigpulver anrühren, schließlich zusammen mit dem Salz zufügen, nach Belieben auch einen guten

TIPP

Besonders knusprig wird das Brot, wenn man es 10 Minuten vor dem Ende der Backzeit herausnimmt, eine halbe Stunde abkühlen lässt und dann erst fertig bäckt.

Schuss Olivenöl (gibt dann das so genannte Ciabatta-Brot). Die Maschine einschalten und nach und nach das Wasser zufügen. Nicht zu viel auf einmal, damit der Teig seine richtige Beschaffenheit bekommt. Er ist fertig, wenn er sich glatt vom Schüsselrand und vom Rührhaken löst. Zugedeckt eine Stunde gehen lassen.

2 Den Teig mit bemehlten Händen auf der Arbeitsfläche durcharbeiten. Schließlich zwei bis drei Brotlaibe formen. Besonders gut behält das Brot seine Form, wenn man es in Gärkörbchen nochmals gehen lässt (gibt's im Bäckereibedarf oder bei www.manufactum.de); diese müssen gut ausgemehlt sein! Dafür eignet sich besonders gut Hartweizengrieß, der mit seiner körnigen Struktur den Teigling davor bewahrt, am Körbchen festzukleben, und dem Brot später eine griffige Oberfläche gibt. Die geformten Laibe unter einem Tuch nochmals eine halbe Stunde gehen lassen.

3 Bei 220 °C etwa 35 Minuten backen. nach den ersten 10 Minuten eine Tasse Wasser auf den Ofenboden schütten, damit eine schöne Feuchtigkeit im Ofen entsteht.

Der Käse

Parmesan & Co, auch Pecorino, Ricotta salata und andere Hartkäse – das sind jene Käse, die in der italienischen Küche so wichtig sind: Nicht nur als Gewürz, das man sich frisch gerieben über die Pasta streut, sondern viel mehr noch als Würzzutat beim Kochen. Eine italienische Mamma fügt nämlich den Käse stets bereits in der Küche zu, mischt also Pasta, Sugo und Käse noch im Topf und richtet dann die so gewürzte, fertige Portion im Teller an. So ist gewährleistet, dass die Pasta tatsächlich so schmeckt wie gewünscht. Denn Käse passt durchaus nicht immer – zu manchen Sughi, meist solchen mit Fisch oder Meeresfrüchten, wirkt er eher wie die Faust aufs Auge.

Parmesan – korrekt bezeichnet heißt dieser König unter den Käsen Italiens **Parmiggiano Reggiano,** und diese Herkunftsbezeichnung ist auf seiner Rinde deutlich sichtbar eingestanzt (siehe Bild rechts). So darf übrigens nur ein Käse heißen, der nach klar definierten Vorschriften produziert wurde aus Milch, die ausschließlich aus der Region um Parma stammt. Die Kühe dürfen kein Silofutter erhalten und nur mit Frischfutter oder auf der Weide ernährt werden. Eine Reifezeit von mindestens einem bis zu drei Jahren ist überdies vorgeschrieben. Kaufen Sie also niemals (aber wirklich niemals!) bereits geriebenen Parmesan (dieser darf übrigens seit einiger Zeit laut EU-Regel ohnehin gar nicht mehr so heißen – aber daran hält sich natürlich nicht jeder). All diese fertig geriebenen Käse, in Klarsichtfolie oder anderswie industriell verpackt, haben mit frisch geriebenem Parmesan geschmacklich nichts zu tun. Dieser Käse ist längst ausgetrocknet, meist minderer Qualität und verbindet sich beim Mischen nicht mehr mit der Sauce. Er hat keinen Schmelz, sondern bleibt krümelig und trocken, meist schmeckt er sogar ranzig und überaltert.

Der kleine Bruder des stolzen Parmesans ist der **Grana Padano,** der in ganz Norditalien hergestellt wird. Er ist dem Parmesan ähnlich in Wesen, Herstellung und Geschmack. Weil seine Produktion nicht so streng limitiert ist und für ihn auch Milch von anderswo verwendet werden darf, ist er günstiger im Preis.

Pecorino stammt, wie der Name schon sagt, vom Schaf, welches auf Italienisch *pecora* heißt. Er wird in kleinen pfund- bis höchstens kiloschweren Laiben hergestellt. Zum Reiben muss er natürlich gut gelagert sein, mindestens ein Jahr.

Für die Qualität des Käses kann selbstverständlich am besten der Händler garantieren, wenn man in einem darauf spezialisierten Laden einkauft. Im Supermarkt lässt sich schon an der Auslage erkennen, wie viel Mühe man sich dort mit dem Käse gibt: Trockene, dumpfe Schnittflächen sollten die Laibe niemals zeigen, sie dürfen aber andererseits auch nicht in einer Plastikhülle ersticken. Fast alle Käse brauchen Luft und eine gewisse Luftfeuchtigkeit, manche müssen täglich mit Salzwasser oder einer anderen Flüssigkeit gepflegt und gereinigt werden.

Man sollte sie deshalb auch zu Hause unbedingt im Gemüsefach aufbewahren, und falls es dort zu trocken ist, darf man den Käse in ein feuchtes Tuch einwickeln. Aber bitte immer wieder überprüfen und gegebenenfalls wieder anfeuchten. Entsteht Schimmel an der Schnittfläche, ist das im Allgemeinen nicht schlimm. Es sind käseeigene Schimmel, die nur ein Zeichen sind, dass der Käse, der ja aus Rohmilch produziert wurde, weiterreift. Bevor man ihn isst, muss man diesen Schimmel natürlich großzügig wegschneiden. Ausnahme: Wenn der Schimmel schmierig wirkt, haben sich fremde Schimmelsporen eingeschlichen, die den Käse verderben können. Die Nase sagt einem meist präzise und schnell, ob es guter oder böser Schimmel ist!

Ricotta salata: In manchen Regionen Italiens liebt man diesen gereiften, reibfesten weißen Käse aus Schafsmilch, der einen ganz eigenen, charakteristischen Geschmack hat. In Sizilien zum Beispiel ist er aus vielen Gerichten nicht wegzudenken.

All diese Käse sind jedoch nicht nur zum Würzen geeignet, man liebt sie auch zum Schluss eines Menüs, und zwar vor dem Dessert, um den Magen zu schließen. Das ist, wie bereits erwähnt, ernährungsphysiologisch sehr empfehlenswert, weil die Enzyme im Käse helfen, die Verdauung anzukurbeln und die Nahrung aufzuschließen. Somit kann der Körper sie besser verwerten und nicht zuletzt deshalb sind Italiener und Franzosen seltener dick ...

Bedenken Sie jedoch, dass all dies nur für Käse aus Rohmilch gilt – der Händler kann sie darüber aufklären! Industriekäse aus erhitzter Milch trägt weder diese für die Verdauung so wertvollen Enzyme in sich, noch reift er weiter – ihn muss man unbedingt bei Schimmelbefall komplett wegwerfen! Spätestens dann zeigt sich also, dass der vielleicht ein wenig teurere Rohmilchkäse letztlich doch wesentlich preiswerter ist.

Der Wein

Zu einer italienischen Mahlzeit gehört unbedingt Wein! Damit macht man im Allgemeinen in der Familie wenig Aufhebens: Man hat seine traditionellen Vorlieben, trinkt meist den einfachen Wein aus der Region und vom Vorjahr, so jung wie möglich eben. Auch nimmt man es mit der Zuordnung von Weißwein zu Fisch und Rotwein zu Fleisch nicht so genau, sondern trinkt das, was in der Region Tradition hat oder was man mag.

Zu Fischvorspeisen und Gemüsegerichten ist es meist ein leichter, frischer Weißwein, der sehr kalt serviert wird – dann hat er einen guten Trunk! Italienische Weißweine sind ja im Allgemeinen weniger säurereich als unsere deutschen und können, wenn sie zu warm serviert werden, etwas flach wirken (vor allem die einfachen Qualitäten). Zur Pasta ist es meist ein eher leichter, frischer Roter, sogar wenn Meeresfrüchte darin Verwendung finden. Zum Braten gibt es dann einen mächtigeren Roten.

Die Kinder lernen von klein auf mit Wein umzugehen, ganz selbstverständlich: Wein wird schließlich zur Mahlzeit getrunken und dient nicht nur der geschmacklichen Abrundung, sondern macht die Speisen bekömmlicher und hilft der Verdauung – Wein ist somit ein diätetisches Lebensmittel! Niemand kommt dabei auf den Gedanken, zu viel zu trinken, und die kleinen Kinder bekommen eine winzige Menge zugeteilt und zunächst mit Wasser verdünnt. Wenn sie etwas älter werden, dürfen sie ein ganzes Glas trinken und so lernen sie ganz automatisch, Maß zu halten.
In den letzten Jahren hat sich auch in Italien der Weingenuss stark verändert: Man kennt nicht mehr nur die Weine der engeren Umgebung, sondern greift auch gerne zu Flaschen aus anderen Regionen. Die Weine aus der Toskana und Piemonts sind vielen Menschen zu teuer geworden – so hat man stattdessen Umbrien, die Emilia-Romagna und den Süden als Weinregion neu entdeckt: Aus Apulien, Kalabrien und Sizilien kommen ebenfalls immer mehr gut gemachte Weine, seit das Lesegut selektioniert wird, die Vergärung mit kontrollierter Temperatur im Edelstahltank verläuft und so die Weißweine und Rosés ihre Frische behalten können. Die Rotweine sind nicht mehr so derb wie einst, sondern werden mittlerweile sorgfältig in Fässern ausgebaut und besitzen Eleganz und Geschmeidigkeit. Zwar haben inzwischen die international erfolgreichen Rebsorten wie Chardonnay, Sauvignon Blanc, Cabernet Sauvignon, Syrah und Merlot verstärkt Einzug gehalten, doch auch die bodenständigen Sorten werden immer beliebter. Und das gilt nicht nur für den Süden, sondern man erlebt es auch in Friaul, Venetien, in der Lombardei, im Trentino und ganz besonders in Südtirol. Dessen für italienische Verhältnisse aromatische Rebsorten Silvaner, Müller-Thurgau, Sauvignon, Riesling und Traminer erleben derzeit einen geradezu sensationellen Siegeszug.
Zum Dessert schließlich liebt man einen süßen Wein – das kann ein Passito aus Pantelleria sein, ein Recioto aus Venetien, ein süßer Vin Santo aus der Toskana, ein Moscato d'Asti aus dem Piemont, ein Piccolit aus dem Friaul oder ein Rosenmuskateller aus Südtirol, um nur eine kleine Auswahl gängiger Süßweine zu nennen.
Das Angebot italienischer Weine ist in Deutschland inzwischen ausgesprochen gut – von den einfachsten Qualitäten in Supermärkten und bei den Discountern findet man bis zu Spitzenweinen bei den Versendern alles, was das Herz begehrt. Das Internet ist bei der Suche sehr hilfreich – es gibt hervorragende Weinportale, die auch lohnende Preisvergleiche ermöglichen!

ZUTATEN

Für vier bis sechs Personen:

2 Fenchelknollen
Salz
1 Scamorza (geräucherter italienischer Weichkäse)
Pfeffer
Olivenöl
evtl. Frühlingszwiebeln und/ oder Chilis

Finocchio con scamorza
(Gesottener Fenchel mit geschmolzenem Scamorza-Käse)

Scamorza ist geräucherter Mozzarella, ein Käse der vor allem heiß überbacken toll schmeckt. Eine Vorspeise ist damit schnell gemacht und lässt sich mit vielerlei Gemüse variieren: mit Radicchio, Chicoree, Zucchini usw.

1 Den Fenchel putzen, welke oder beschädigte Außenschichten entfernen, vertikal halbieren und dann in Segmente schneiden, so dass sie am Wurzelende noch zusammenhalten. In Salzwasser wenige Minuten bissfest kochen. Auf einer feuerfesten Platte anrichten. Den Käse in Scheiben darüber verteilen. Unmittelbar vor dem Servieren im Ofen überbacken, bis der Käse schmilzt.

2 Dann pfeffern, vorsichtig salzen und mit etwas Olivenöl beträufeln. Fein geschnittene Frühlingszwiebeln, Fenchelgrün, eventuell auch fein gehackte Chilis, darüber streuen.

Fagiolini con pomodori, acciughe e raveggiolo
(Grüne Bohnen mit Tomatenwürfeln, Anchovis und Frischkäse)

Besonders gut, wenn man ganz feine, zarte Böhnchen hat. Dickere Bohnen kann man auch längs halbieren.

1 Die Bohnen putzen, in sehr gut gesalzenem Wasser bissfest kochen, eiskalt abschrecken. Sie sollten durch und durch abgekühlt sein, sonst färben sie sich in der Säure der Marinade schnell grau. Die Tomaten auf einer Schaumkelle ins kochende Bohnenwasser halten, kalt abschrecken, dann die Haut abziehen. Sehr kleine Tomaten kann man so lassen, größere müsste man halbieren, ganz große sogar entkernen, das harte Mark entfernen und das Fleisch zentimetergroß würfeln.

2 Die Bohnen auf eine Platte verteilen, darauf die Tomatenwürfel streuen. Dazwischen die Anchovis drapieren und den Frischkäse, der mit einem Teelöffel zu Nocken oder mit der Hand zu Kugeln geformt ist.

3 Aus Salz, Pfeffer, Essig und Olivenöl eine cremige Marinade rühren, Bohnenkraut fein gehackt zufügen (Basilikum erst zum Schluss darüber streuen) und alles gleichmäßig über den Salat verteilen.

ZUTATEN
Für vier bis sechs Personen:

ca. 300 g feine grüne Bohnen
Salz
1 Hand voll Cocktailtomaten
6-8 Anchovis (in Olivenöl eingelegt)
100 g Frischkäse
Pfeffer
2 EL aromatischer Essig (Sherry- oder Himbeeressig)
2-3 EL Olivenöl
Bohnenkraut oder Basilikum

Melone con prosciutto
(Melone mit Schinken)

Ein unverwüstliches Rezept, das überhaupt keine Mühe macht, allerdings von der Qualität der Zutaten entscheidend abhängt. Die Melone muss bereits ihren Duft verströmen, wenn sie geschlossen im Laden liegt. Sie sollte gut gekühlt serviert werden. Und der Schinken – ob Parma, San Daniele oder San Leone – muss hauchdünn geschnitten sein!

Die Melone halbieren, die Kerne mit einem Löffel herausstreifen, die Hälften in Schiffchen (Segmente) schneiden.
Auf Vorspeisentellern verteilen. Den Schinken locker darüber drapieren. Mit grob gemahlenem Pfeffer bestreuen.

ZUTATEN
Für sechs Personen:

1 reife Honig-, Netz- oder Cantaloupemelone
100 g luftgetrockneter Schinken, hauchfein geschnitten
Pfeffer

Primo

Pasta con sugo di salsiccia (Pasta mit herzhafter Bratwurstsauce)

Eine frische Schweinsbratwurst ist dafür nötig, wie man sie etwa als Nürnberger Bratwürstchen bekommt. Italianità , also typisch italienischen Charakter, fügt man in Form von Fenchelsamen hinzu.

ZUTATEN

Bratwurstsauce:
1 kleine Zwiebel
2 Knoblauchzehen
2 EL Olivenöl
2 Tassen Tomatenfleisch (frisch oder aus dem Tetrapack)
½ TL Fenchelsamen
1-2 Chilis
1 Prise Zucker
Pfeffer
2-3 Basilikum- oder Petersilienstängel (auch beides gemischt)
je nach Größe 3-6 frische rohe, grobe Bratwürste
Salz
500 g dicke, kurze Pasta (z. B. Penne, Rigatoni)
frisch geriebener Parmesan oder Pecorino

1 Für den Sugo die Zwiebel fein würfeln, den Knoblauch hacken und im heißen Öl andünsten. Das Tomatenfleisch zufügen und durchschmurgeln, dabei den gehackten Fenchelsamen und die Chilis zufügen (Fans hacken sie fein oder zerkrümeln getrocknete Schoten; wer mit Schärfe lieber vorsichtig ist, lässt sie ganz, damit er sie anschließend wieder herausfischen kann). Mit Zucker und reichlich Pfeffer würzen, die Kräuterstiele mitkochen, die Blätter für später beiseite legen. Das Brät aus dem Darm drücken und zu Kügelchen formen. Im Tomatensugo etwa 5 Minuten mitziehen lassen. Den Sugo abschmecken, vor allem, wenn nötig, Salz hinzufügen.

2 Die Pasta in reichlich Salzwasser nach Packungsvorschrift bissfest kochen. Dann mit einer Schaumkelle herausheben, zum Sugo in den Topf geben und gut durchmischen.
Dabei nach Gusto etwas frisch geriebenen Käse einarbeiten, den restlichen Käse getrennt dazu servieren.

Secondo

Petto di pollo ripieno sul letto di lenticchie
(Gefüllte Hühnerbrust auf Linsen)

Reichlich Kräuter werden in das Brustfleisch gewickelt, das erhält es saftig und sieht obendrein hübsch aus.

ZUTATEN

Für vier bis sechs Personen:

4 ausgelöste Hähnchenbrüste
2 Tassen Kräuter: Basilikum, Petersilie, Rucola, Spinatblätter – was gerade zur Hand ist
1 Knoblauchzehe
evtl. etwas Chili
100 g Frischkäse
Salz, Pfeffer, Muskat
3 EL Olivenöl
½ Glas trockener Weißwein
evtl. etwas Brühe
1 Prise Zucker
1-2 EL Olivenöl

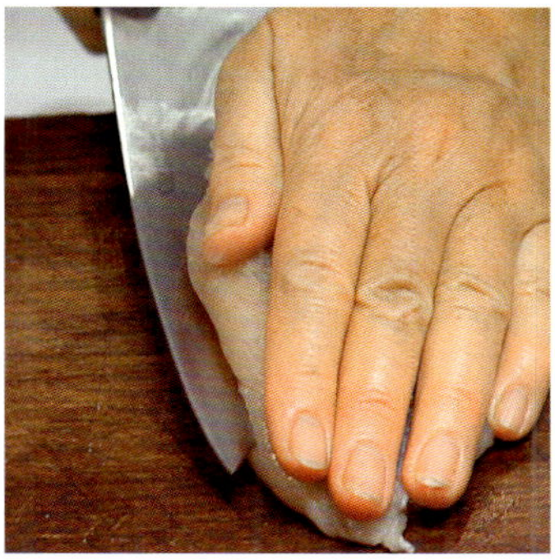

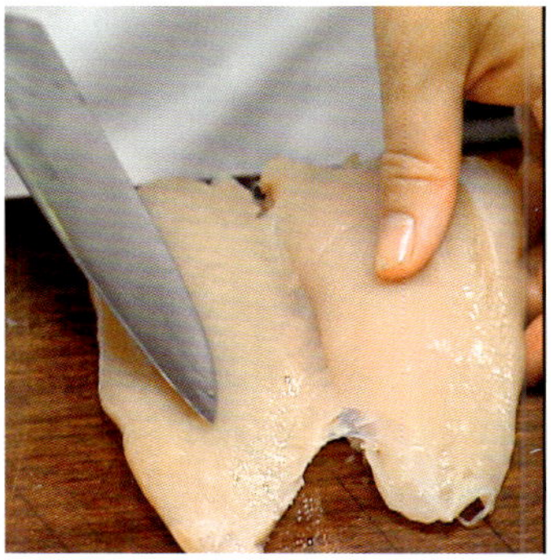

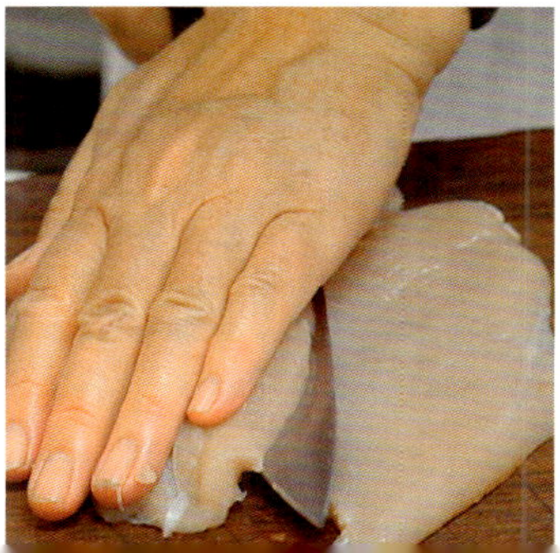

1 Die Hähnchenbrüste mit einem scharfen Messer von beiden Seiten einschneiden, so dass man sie zweimal auseinander klappen und zu einer großen Fläche ausbreiten kann. Die Kräuter von den Stielen zupfen und sehr fein hacken, mit ebenfalls gehacktem Knoblauch, Chili und dem Frischkäse mischen. Diese grüne Paste mit Salz, Pfeffer und Muskat würzen. Auf dem Fleisch verstreichen. Jedes Teil aufrollen und zu einer Rolle wickeln. Mit Küchenzwirn verschnüren.

2 In heißem Olivenöl rundum anbraten, mit dem Wein ablöschen und jetzt zugedeckt auf kleinem Feuer etwa 10 Minuten schmurgeln lassen. Den Bratenjus – falls er verkocht sein sollte, den Satz am

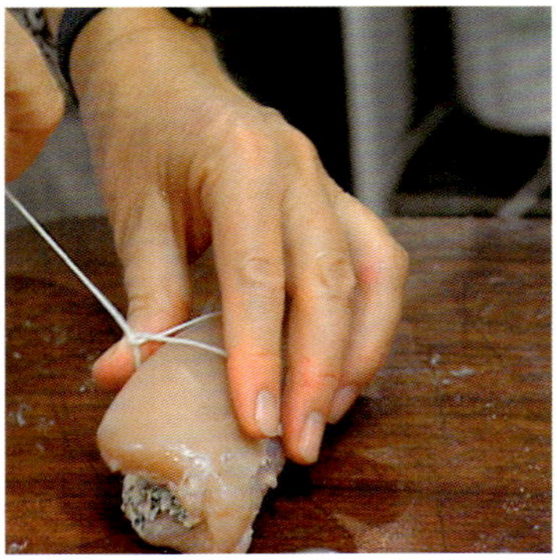

Ende mit etwas Brühe ablösen – mit Zucker abschmecken und mit Olivenöl aufmixen.

3 Die Hähnchenrollen mit einem scharfen Messer schräg in gut fingerbreite Scheiben aufschneiden und auf vorgewärmten Tellern anrichten. Mit der kleinen Sauce überträufeln.

ZUTATEN

Linsengemüse

250 g Linsen
Salz
1 kleine Zwiebel
1-2 Knoblauchzehen
1 kleine Tomate
2 EL Olivenöl
ca. 1/8 l Brühe oder Tomatensaft
Pfeffer
Petersilie

4 Als Beilage passen dazu Linsen, vorzugsweise die hübschen kleinen braunen Berglinsen aus Umbrien. Sie werden in reichlich Salzwasser gar gekocht – je nach Frische der Linsen kann das von 20 Minuten bis zu ganzen 2 Stunden dauern. In einem zweiten Topf die Zwiebel fein gewürfelt andünsten, den gehackten Knoblauch dazugeben, schließlich 2 gehäufte Esslöffel gekochte Linsen zufügen und die gehackte Tomate. Alles mit dem Mixstab glatt mixen, eventuell auch etwas Brühe oder Tomatensaft zufügen, so dass genügend Sauce entsteht, um die restlichen Linsen zu umschließen. Endlich alle Linsen zufügen und untermischen, erhitzen und abschmecken. Zum Schluss etwas gehackte Petersilie unterrühren. Dieses Linsengemüse als Bett auf dem Teller ausbreiten, die Hühnerbrustscheiben darauf anrichten und mit dem aufgemixten Bratenjus beträufeln.

Dessert

Torta di mele (Gedeckte Apfeltarte)

Eine verblüffende Art, Apfelkuchen zu backen – aber verführerisch gut!

1 Aus Mehl, Stärke, Zucker, Butter, Likör und den beiden Eigelb einen Mürbteig kneten. Eine halbe Stunde ruhen lassen. Dann knapp zwei Drittel davon dünn ausrollen und eine Springform damit auskleiden, dabei den Rand ganz hoch ziehen.

ZUTATEN

Für eine Springform von 26 cm Durchmesser:

Teig:
300 g Mehl
100 g Speisestärke
100 g Zucker
150 g Butter
2 EL Orangen- oder Zitronenlikör
2 Eigelb

Füllung:
50 g Mandeln
2 gehäufte EL brauner Zucker
1,3 kg Äpfel
3 Eiweiß
50 g normaler Zucker

Außerdem:
1 Eigelb
3 EL Milch

2 Mandeln und braunen Zucker im Zerhacker zu Pulver mixen. Auf dem Teigboden verteilen. Die Äpfel schälen, sechsteln, große Früchte auch achteln, vom Kerngehäuse befreien. Mit der Wölbung nach unten dicht an dicht auf dem Teigboden verteilen. Das Eiweiß mit dem normalen Zucker steif schlagen und auf den Äpfeln verteilen.

3 Schließlich die zweite Teigportion ebenfalls dünn ausrollen und als Deckel über die Äpfel breiten. Rundum gut mit dem Teig vom Rand zusammendrücken. Die Oberfläche mit einer Gabel mehrmals einstechen, dann mit Eigelb einpinseln, das mit Milch verrührt wurde. Bei 200 °C etwa 35 bis 40 Minuten goldbraun backen.

Kochen mit dem Wok

Kochen mit dem Wok – Das vielseitigste Küchengerät der Welt

Es grenzt an Hexerei, was man alles mit dem Wok anstellen kann: Er dient ja nicht nur als große Pfanne, in der man prima braten kann. Seine ausladende Form mit den hohen, gewölbten Wänden erlaubt es auch, darin zu kochen, Suppen und Saucen zuzubereiten oder aber Gemüse zu blanchieren. Obendrein kann man im Wok dämpfen, frittieren, schmoren – kurz: Es gibt eigentlich kaum etwas, was darin nicht gut gelingt. So kann man durchaus behaupten: Ein Wok ist derart praktisch und universell, dass man sogar mit ihm als alleinigem Topf in der Küche auskommen kann. Praktisch vor allem in kleinen Single-Küchen, in denen man schließlich nie genug Platz hat. Mehr als einen Wok und eine einzige starke Kochstelle (z.B. eine Induktionsplatte oder einen Gaskocher) braucht man im Grunde nicht.

Um jedoch das Gerät mit allen seinen Fähigkeiten richtig ausnutzen zu können, ist es gut, ein paar Dinge zu wissen. Zuallererst – und das ist mehr als nur eine Binsenweisheit! – muss man den richtigen Wok aussuchen. Leider ist mit der Fülle des Angebots der Markt ziemlich unübersichtlich geworden. Und mittlerweile gibt's im Handel leider eine Menge Woks, die gar nichts taugen.

Wie sieht er aus, der richtige Wok?

Der Ur-Wok, das von den Chinesen erfundene und bis heute benutzte Modell, ist eine Art große, weiträumige Pfanne, die allerdings mit ihrem halbkugeligen Boden auf einer Herdplatte keinen Halt fände. Ursprünglich über dem lodernden offenen Feuer verwendet (es gab ja nur wenig Brennmaterial, weshalb man auch früher alle Zutaten klein schnitt und bei hoher Hitze garte. Der begehrte »Hitzegeschmack« von karamellisierendem Zucker und Eiweiß entsteht dabei in Verbindung mit Öl), braucht er deshalb die Nasen über einem Gasbrenner, auf denen er sicher sitzen kann, oder einen Ring, auf dem er darüber thront (siehe Bild links unten). So wird das innerste Zentrum des schüsselartigen Bodens am stärksten erhitzt, den gewölbten Rand hinauf kühlt sich die Fläche immer mehr ab. Es landen also die Zutaten zunächst im Zentrum des Topfbodens im stärksten Feuer und müssen dann, damit sie dort nicht verbrennen, sofort wieder weggeschaufelt werden. Dabei werden sie in die Luft und an die kühleren Wände befördert. Dieser Wechsel der Temperaturen ermöglicht ein besonders schonendes Garen – nach einem heftigen Anbraten können die Zutaten langsam in milderer Hitze entspannen und nachziehen. Gleich zu Beginn schließen sich die Poren bzw. entwickelt sich eine Kruste, beim langsamen Nachziehen verteilen sich die Säfte wieder gleichmäßig im Inneren. So kann nichts austrocknen, außerdem bleiben Textur und Struktur der Lebensmittel erhalten.

Für alle elektrischen Herde muss der Boden des Woks abgeflacht sein, damit er auf der Platte oder dem Glaskeramikfeld gut steht. Am besten sind natürlich Woks mit absolut planem Boden geeignet, der den stabilen Kontakt zur Herdplatte gewährleistet. Da empfiehlt sich ein Wok aus dickem Stahl, zur leichteren Pflege am besten emailliert. Woks aus Edelstahl sind nur geeignet, wenn sie einen abgeflachten, dicken Boden mit Kupferkern besitzen, der die Hitze dort – und nur dort! – konzentriert und bündelt.

Den Originalwok aus China aus dünnem Stahlblech gibt es inzwischen auch mit abgeflachtem Boden. Das dünne Material ist zwar nicht stabil genug, um auf normalen Elektroherden ausreichend innigen Kontakt zu bekommen, aber es ist ideal zum Kochen mit Induktion. Das Eisenblech eignet sich perfekt für das Erhitzen durch magnetische Schwingungen, und anders als der Hersteller behauptet, genügt auch eine kleine Auflagefläche, um den Magnetkontakt herzustellen.

Ein Wok aus Gusseisen hingegen ist Unsinn! So traurig es ist, wenn Sie bereits viel Geld dafür ausgegeben haben sollten: Er taugt leider gar nicht zu dieser Art des Kochens, denn er liefert das genaue Gegenteil dessen, was man sich von einem Wok wünscht. Das besonders gut die Hitze speichernde Material erwärmt sich vom Boden her

gleichmäßig bis zum obersten Rand. Das heißt, der Effekt des Entspannens am kühleren Rand nach dem heftigen Anbraten in der Mitte des Bodens lässt sich im gusseisernen Wok nicht erzielen. Auch wenn die Zutaten vom Hitzezentrum weggeschaufelt werden, landen sie in fast genau derselben Hitze – der nötige Wechsel der Temperaturen findet nicht statt, weder die Entspannung noch das langsame Nachziehen.
Unbrauchbar sind auch die elektrisch betriebenen Tischwoks – eine Spielerei, die vielleicht für Stimmung am Tisch sorgen kann, aber keine wirklich asiatisch schmeckenden Gerichte erlaubt, weil die verfügbare, zu geringe Energie keinen »Hitzegeschmack« erzeugt.

Die richtige Hitzequelle

Unsere modernen Elektroherde sind zum Kochen mit dem Wok leider nicht ideal. Denn sie sind so konstruiert, dass die Kochstellen sich im Wechsel immer wieder aufheizen und, sobald sie die entsprechende Temperatur erreicht haben, abschalten; sie »takten«. So treiben sie denjenigen, der gerade stärkste Hitze braucht, zum Wahnsinn, weil sie sich genau in diesem Moment abschalten. Sobald man die Zutaten in den Wok gibt, ist für einen kurzen Moment äußerste Hitze nötig, und es ist hinderlich, wenn mitten im Anbraten die Temperatur absinkt, weil der Fühler meint, die erreichte Hitze genüge vollkommen. In solchen Augenblicken kann ein Wokgericht im Nu missraten, denn wenn das Fleisch statt zu braten Wasser zieht und zu kochen beginnt, wird es natürlich zäh.

Mit Gas hat man dieses Problem nicht – hier kann es nur passieren, dass keine der vorhandenen Flammen wirklich die gewünschte Hitze bringt oder, was genauso schlimm ist, der Flammenkranz einen zu großen Durchmesser hat. Dies ist bei den meisten Gasbrennern, die man bei uns kaufen kann, der Fall – selbst, wenn sie ausdrücklich als Wokbrenner angeboten werden! Der Brenner mit der stärksten Kraft ist nämlich derjenige mit dem größten Durchmesser. Und bei diesem wird die meiste Hitze eben nicht unter dem Boden des Woks gebündelt, vielmehr wird er dort am stärksten erhitzt, wo der Rand des Woks sich zu wölben beginnt, und die Hitze steigt dann ungehindert die Wand hinauf.
Wir haben uns lange Zeit über diese Unzulänglichkeiten geärgert, bis die ersten Induktionsherde, bei denen ein elektromagnetisches Feld die Hitze im eisernen Wok selbst erzeugt, erfunden waren. Zunächst probierten wir eine mobile Induktionsplatte aus und waren schon ziemlich glücklich. Inzwischen haben wir in unserer Küche eine Induktionsplatte eingebaut, die mit ca. 3500 Watt Leistung ganz schön Power bringt.
Richtig begeistert allerdings sind wir von unserem fahrbaren Wok, dessen Brenner tatsächlich denen abgeguckt ist, die man in Asien benutzt, und mit dem es sich wahrhaft authentisch chinesisch oder thailändisch kochen lässt (siehe Bild links). Mehr Informationen dazu: www.wokbrenner.com

Die Topregel

Niemals zu viel in den Wok füllen! Denn das gesamte Prinzip funktioniert nur, wenn die Zutaten im Wok auch wirklich herumwirbeln können. Deshalb darf man, auch wenn man für viele Gäste kocht, nicht einfach die Mengen verdoppeln, sondern sollte lieber stattdessen ein zweites, drittes oder sogar viertes Gericht einplanen. Natürlich wird dann hintereinander gekocht und auch serviert – im Allgemeinen rechnet man bei einem chinesischen Essen stets mindestens so viele Gerichte, wie Gäste am Tisch sitzen. Grundsätzlich gilt: Lieber ein bis zwei mehr als zu wenig! Und da ja alles prima vorbereitet werden kann, die Zutaten fix und fertig geschnibbelt und zerkleinert bereitstehen, und das eigentliche Kochen in Minutenschnelle vonstatten geht, ist das nächste Gericht im Handumdrehen fertig. So können Sie kochen bis zum Abwinken und haben trotzdem nicht viel Mühe damit!

Die wichtigsten Zutaten

Wirklich fremdartig oder exotisch sind für uns die Zutaten der chinesischen bzw. asiatischen Küche ja längst nicht mehr. Mittlerweile fin-

det man alles unbedingt Nötige in jedem besseren Supermarkt. Und darauf spezialisierte Asia-Shops, die oft sogar wöchentlich frische Zutaten aus Asien eingeflogen bieten, gibt es mittlerweile in jeder mittleren Kleinstadt. Selbst die Discounter sind auf diesem Gebiet höchst erfolgreich aktiv.
Hier ein Überblick, was ins Gewürzregal gehört, wenn es authentisch chinesisch schmecken soll.
Sojasauce: Die dunkelbraune, würzig-salzige Flüssigkeit wird in ganz Asien geschätzt. Je nach Region kennt man unterschiedliche Rezepturen. Die chinesische oder thailändische Sojasauce wird aus einer Mischung aus Sojabohnen und Weizen hergestellt, die japanische ausschließlich aus Sojabohnen. Manchmal wird Sojasauce gesüßt (vor allem in Indonesien) oder mit Pilzextrakt gewürzt. Sie liefert nicht nur Salz, sondern auch ein für asiatische Gerichte sehr charakteristisches Aroma.
In Thailand und Vietnam nimmt man stattdessen gern **Fischsauce,** eine dunkle, transparente, sehr intensive Würzsauce, die aus fermentierten Sardellen hergestellt wird. Sie ist noch salziger als Sojasauce und liefert zugleich einen anchovisartigen Duft nach Meer. Ohne **Nam Plaa** ist Thaiküche und ohne **Nuoc Mam** ist Vietnamküche nicht denkbar!
Gebraten wird in Asien mit einem neutralen **Erdnuss-, Soja-** oder **Keimöl**. Gern gibt man als Gewürz einige Tropfen **Sesamöl** hinzu, das dem Gericht einen fernöstlichen, nussigen Duft verleiht. Es wird aus gerösteter Sesamsaat hergestellt, wodurch es sein charakteristisches Aroma bekommt. Dieses Öl ist übrigens nicht mit kaltgepresstem Sesamöl zu verwechseln. Es wird nämlich niemals allein verwendet.
Als Würzsaucen, die man löffelweise beim Kochen verwendet, sollte man eine **Chilipaste** und eine Sauce aus schwarzen oder gelben Bohnen vorrätig haben – sie halten sich im Kühlschrank völlig problemlos, sogar jahrelang.
Ingwer, die duftende Wurzelknolle, ist längst in nahezu jeder Gemüseauslage ganz selbstverständlich zu finden. Frisch muss sie sein, die braune Haut seidig glänzen, die Wurzel sich fest und straff anfühlen. Der Anschnitt sollte goldgelb, saftig und auf keinen Fall faserig sein.
Zitronengras gibt es inzwischen ebenfalls frisch – auf das getrocknete im Glas sollten Sie deshalb verzichten.
Knoblauch und **Chilis** sind ja in unserer Küche ohnehin schon seit langem absolut selbstverständlich.
Die Kräuter, wie **Thaibasilikum** und **Koriandergrün,** kann man in Asienläden das ganze Jahr hindurch frisch kaufen – sie werden allwöchentlich aus Asien eingeflogen. Hobby-Gärtner können diese Kräuter selber ziehen, sogar auf der Fensterbank und im Blumen-

TIPP

Wer gern und oft asiatisch kocht, sollte sich einen Reiskocher leisten. Das Ding kommt aus Japan oder Korea (gibt's in jedem Asia- und mittlerweile sogar auch in guten Haushaltsläden) und ist eine Anschaffung, die sich lohnt. Man füllt Reis und Wasser in einem exakt abgemessenen Verhältnis ein, schaltet das Gerät an und den Rest macht es von allein. Der Reis wird in jedem Fall perfekt, duftig und locker, und man kann ihn den ganzen Abend über stehen lassen, er bleibt warm und lecker.

topf; manchmal werden sie auch auf dem Markt angeboten. Sie geben den Wokgerichten natürlich erst den richtigen Pfiff und die entsprechende Würze. Übrigens steckt auch in der Wurzel viel Würzkraft. Sie wird deshalb stets fein gehackt mit verwendet. Aber: Notfalls lässt man diese Kräuter einfach weg und nimmt stattdessen Petersilie oder hiesiges Basilikum.

Der Reis

Was für uns Brot oder Kartoffeln sind, ist in den Küchen Asiens der Reis – und zwar duftiger, lockerer, schneeweißer, geschälter Reis. Das mögen die Gesundheitsapostel unter uns missbilligen, aber dem Geschmack ist es durchaus dienlich. Und Vitamine und Mineralien (die beim Schälen verloren gehen) lassen sich ja durch die entsprechende Begleitung und Beilage hinzufügen. Parboiled Reis, bei dem durch ein spezielles Verfahren die Vitamine aus dem Silberhäutchen in das Korn gepresst wurden, hat in diesem Prozess seinen Geschmack verloren; außerdem ist das dadurch absolut glatte Korn nicht mehr fähig, Sauce in sich aufzunehmen. Deshalb ist auch er einfach ungeeignet als Begleiter von chinesischen oder asiatischen Gerichten.

Empfehlenswert ist stattdessen ein normaler geschälter Langkornreis, etwa **Patna** oder klassischer **Siam**. Unser liebster Reis – was Geschmack, Duft und Konsistenz anbelangt – ist der **Duftreis** aus Thailand, auch Jasminreis genannt, weil er beim Kochen einen wundervollen, sehr charakteristischen Duft verströmt. Nicht zu verwechseln allerdings mit dem schlankkörnigen Basmatireis aus Pakistan, den man lieber für einen Pilaw, also für gedünsteten Reis verwendet. Der Reis für chinesische oder Thaigerichte wird nämlich gedämpft oder man lässt ihn ausquellen.

Reis aufwärmen

Zu viel Reis gekocht? Eine kleine Portion kann man am nächsten Tag unter den heißen, frisch gekochten Reis mischen und einige Minuten durchziehen lassen. Eine größere Menge füllt man in einen Gefrierbeutel und verschließt ihn so, dass ungefähr dasselbe Volumen noch mal Platz darin hat. Bei Bedarf legt man ihn in die Mikrowelle, je nach Menge zwischen drei und zehn Minuten auf stärkster Stufe. Wichtig ist genügend Raum zum Ausdehnen der heißen Luft, sonst platzt der Beutel. Anschließend ist der Reis dampfend heiß und wieder wie frisch! Man kann den Reis als Beilage servieren oder man nimmt ihn als Basis für eine Reispfanne. »Fried Rice« nennt man das folgende Gericht in Asien und es ist eine ebenso vielseitige und praktische Sache wie etwa ein Bauerngröstl bei uns.

Grundrezept Reis

Man braucht einen dickwandigen, schweren Topf dafür, gut geeignet ist einer aus Gusseisen, denn hier ist die Leit- und Speicherfähigkeit des Materials erwünscht!

ZUTATEN

Für vier Personen:

2 Tassen Reis
¼ TL Salz
3 - 3½ Tassen Wasser

Den Reis in den Topf füllen (es sollte noch eine Handbreit Platz darüber sein), Salz und Wasser hinzufügen. Rasch zum Kochen bringen. Sobald das Wasser heftig sprudelnd kocht, die Hitze auf kleinste Stufe schalten (bei Gas eine Dämmplatte dazwischen legen), den Deckel auflegen und den Reis 20 Minuten ausquellen lassen. Erst dann den Deckel erstmals wieder lüften und mit einer Gabel den Reis auflockern. Auf keinen Fall den Topf je offen stehen lassen, immer gut verschlossen halten, eventuell sogar den Deckel mit einem Tuch zusätzlich bedecken, damit der Reis nicht auskühlt.

Fried Rice (bunter gebratener Reis)

Dies ist ein Grundrezept, ein Muster, nach dem mit jeweils den Zutaten, die gerade zur Hand sind, ein immer neues, immer wohlschmeckendes Essen auf dem Tisch steht.

1 Die getrockneten Pilze in einer Schüssel mit kochendem Wasser bedecken und einweichen. Das Fleisch quer zur Faser in dünne Scheiben und diese in schmale Streifen schneiden. Mit der Stärke in einer Schüssel gut vermischen. Sherry, Sojasauce und Zucker hinzufügen, das Fleisch eine halbe Stunde marinieren. Inzwischen das Gemüse in Scheibchen, Streifen oder Würfel schneiden. Den Brokkoli in winzige Röschen teilen, die Stiele in feine Scheibchen schneiden. Die Bambussprossen in feine Stifte schneiden. Schalotten, Knoblauch und Ingwer schälen, alles fein würfeln, ebenso die Chilis.

2 Das Öl im Wok (ersatzweise kann man eine Pfanne nehmen) erhitzen. Zuerst das Fleisch abtropfen lassen und unter Rühren scharf anbraten, dabei Schalotten, Ingwer, Knoblauch, Chili hinzustreuen und sofort ein wenig Salz dazugeben. Dann nacheinander die Gemüse zufügen, unermüdlich alles durcheinander wirbeln und sobald ein neues Gemüse im Wok gelandet ist, auch dieses mit einigen Salzkörnchen bestreuen. Das ist wichtig, weil sie die Farbe erhalten und weil das Salz so besser eindringen kann und würzt.

3 Schließlich in der Mitte des Woks Platz schaffen, dorthinein den aufgelockerten Reis geben und unter Rühren braten, dabei mit den anderen Zutaten vermischen. Am Ende das Pilzeinweichwasser sowie die aufgefangene Marinade vom Fleisch angießen. Bei starker Hitze unterrühren, anschließend die Temperatur herunterschalten.

4 Die verquirlten, mit etwas Sojasauce gewürzten Eier in die Mitte des Woks gießen und unter Rühren stocken lassen – sie dürfen nicht zu fest werden. Alles rasch mischen. Eventuell frische Kräuter in verschwenderischer Fülle darüber streuen und sofort servieren.

ZUTATEN

Für drei bis vier Personen:

2 EL getrocknete chinesische Morcheln
3-4 getrocknete Tongupilze
200 g Schweineschnitzel, Hühnerbrust, Lamm- oder Rinderlende
1 EL Speisestärke
1 EL Sherry
1 EL Sojasauce
1 TL Zucker
ca. 250 g Gemüse: Möhren, Brokkoli, Paprika, Zucchini etc.
50 g Bambussprossen
2 Schalotten
2-3 Knoblauchzehen
1 walnussgroßes Stück Ingwer
evtl. 1-2 Chilis
3 EL Öl
1 TL Sesamöl
Salz, Pfeffer aus der Mühle
400 g gekochter Reis
2 Eier

wenn vorhanden:
frische Kräuter (Petersilie, Basilikum, Koriander, Europakoriander, Thaibasilikum, Minze, Melisse, Kerbel etc.)

Hähnchenbrust mit Zucchini

Eine Art Grundrezept, das sich mit den Zutaten der Saison immer wieder variieren lässt.

ZUTATEN

Für zwei bis vier Personen:

250 g Hähnchenbrust
2 TL Speisestärke
3 EL Sojasauce
je 1 gelbe und grüne Zucchini
1 weiße oder Gemüsezwiebel
2-3 rote Chilischoten
(je nach gewünschter Schärfe)
1-2 Frühlingszwiebeln
1 Knoblauchzehe
1 Stück Ingwer (etwa 2 cm)
2 EL trockener Sherry
4 EL Hühnerbrühe
4 EL Öl
Salz, schwarzer Pfeffer
aus der Mühle

1 Das Fleisch quer zur Faser in dünne Scheiben, diese wiederum in schmale Streifen aufschneiden. Mit Stärke überpudern, 1 Esslöffel Sojasauce zufügen und gut einmassieren. Die Zucchini waschen, Blütenansatz und Stiel abschneiden, die Frucht in Scheibchen oder Streifen hobeln. Zwiebel schälen, halbieren und in schmale Segmente schneiden. Chilischoten putzen, entkernen und winzig klein hacken. Frühlingszwiebel putzen, das Weiße fein, das Grün in zentimeterbreite Stücke schneiden. Knoblauch und Ingwer schälen, ebenfalls fein würfeln. Sojasauce, Sherry und die Brühe verrühren.

2 Das Öl im Wok erhitzen, das Fleisch unter Rühren darin braten, bis es seine rohe Farbe verloren hat. Dabei salzen und pfeffern sowie die Würzzutaten (Chili, das Weiße der Frühlingszwiebel, Knoblauch, Ingwer) zufügen. Danach die Gemüse nacheinander in den Wok geben, unermüdlich umherwirbeln, dabei immer wieder einige Krümel Salz zufügen, zum Schluss Pfeffer darüber mahlen. Am Ende die Würzsauce angießen und aufkochen lassen, alles noch einmal umherwirbeln und heiß servieren.

ZUTATEN

Für drei bis vier Personen:

300 g Schnitzel (Oberschale) vom Kalb oder Schwein
1 EL Speisestärke
1 weiße Zwiebel
2 Knoblauchzehen
½ TL fein gewürfelte Chilis
200 g Champignons
2 EL Butterschmalz oder Olivenöl
Salz, Pfeffer
1 Schuss Cognac
1 Glas trockener Weißwein
100 ml Sahne
evtl. 100 g Erbsen (TK)
1 Spritzer Worcestershire-Sauce oder Sojasauce
nach Belieben 1 Spritzer Balsamico
evtl. 1 Msp. Macis (Muskatblüte)

Zürcher Geschnetzeltes mit Champignons

Der Klassiker, der leider selten perfekt gelingt, weil das Fleisch oft zäh wird. In einer herkömmlichen Pfanne lässt sich dies kaum vermeiden, weil das Fleisch, wenn es nicht portionsweise angebraten wird, sofort Saft zieht und dann nicht brät, sondern schmort.

Das Fleisch in feine Streifen schneiden und darauf achten, dass der Schnitt möglichst quer zur Faser verläuft. Mit Stärke einpudern und einmassieren. Zwiebel fein würfeln, Knoblauch hacken, Champignons in Blättchen schneiden. Im Wok das Schmalz oder Öl erhitzen. Zuerst das Fleisch hineingeben und unter Rühren anbraten, dabei sofort salzen und pfeffern. Dann Zwiebeln, Knoblauch, Chilis und Pilze in rascher Folge nacheinander hineingeben und unter Rühren braten. Mit Cognac ablöschen, ihn sofort anzünden und abbrennen lassen. Schließlich den Wein seitlich angießen, er soll unverzüglich heftig aufkochen. Danach vom Rand her die Sahne beigießen. Leise brodeln lassen, falls gewünscht, die Erbsen zufügen. Die schnell cremig werdende Sauce mit Salz, Pfeffer, Worcestershire-Sauce oder Sojasauce würzen. Mit Balsamico und eventuell einem Hauch Macis und/oder Cayenne abschmecken.

GETRÄNK

Natürlich ein gehaltvoller Wein aus der Schweiz, wir haben eine Petite Arvine aus dem Wallis getrunken. Natürlich passt auch ein Fendant oder ein roter Dole.

ZUTATEN

Für vier bis sechs Personen:

2 EL getrocknete chinesische Morcheln
300 g Schweinehackfleisch
2 Frühlingszwiebeln
je 1 EL gehackter Ingwer und Knoblauch
nach Belieben gehackte Chili
1 gehäufter TL Speisestärke
1-2 EL Eiweiß
2 EL Sojasauce
1 EL Sesamöl
½ TL Zucker
Salz, Pfeffer
1 Tasse Erbsen
Sesamöl zum Bestreichen
Salatblätter

Gedämpfte Hackfleischbällchen

Eine Spezialität aus Kanton, wo man kleine Häppchen über alles liebt. Solche Bällchen isst man mit Stäbchen oder spießt sie mit einem Zahnstocher auf, stippt sie in einen Dip und isst sie aus der Hand.

1 Die Pilze mit kochendem Wasser bedecken, aufquellen und weich werden lassen.

2 Dann sehr fein hacken und mit dem Hackfleisch fest durchkneten, dabei auch die fein geschnittenen Frühlingszwiebeln, Ingwer, Knoblauch und Chili sowie Stärke, Eiweiß und alle würzenden Zutaten einarbeiten. Zum Schluss die Erbsen unterkneten. Es soll ein geschmeidiger, sehr würziger Fleischteig entstehen. Zugedeckt eine halbe Stunde kalt stellen.

3 Mit angefeuchteten Händen walnussgroße Bällchen formen. Auf eine mit Sesamöl bepinselte Platte oder in ein Bambuskörbchen setzen. Über Dampf im geschlossenen Wok bzw. im bedeckten Bambuskörbchen etwa 10 Minuten garen. Zum Servieren auf Salatblättern anrichten, mit denen man die Bällchen anfassen, in den Dip (siehe Seite 188) stippen und zum Mund führen kann.

ZUTATEN

Für vier bis sechs Personen:

1 Portion Hackfleischteig
(siehe S. 186)
evtl. zusätzlich frische Kräuter: Thaibasilikum und/oder Koriandergrün
ca. 30 Frühlingsrollenhüllen
Erdnussöl zum Frittieren

Frühlingsrollen

Dieselbe Füllung kann man übrigens auch in Frühlingsrollenhüllen packen und dann frittieren. Ein hübscher Bissen zum Aus-der-Hand-Essen beim Aperitif.

Den Hackfleischteig mit gehackten Kräutern mischen. Jeweils einen Esslöffel davon auf ein Eck eines Frühlingsrollenteigquadrats setzen. Die Spitze über die Füllung klappen, dann die Seiten von rechts und links darüber schlagen und alles zu einer festen, kompakten Rolle wickeln. Wichtig: Die Spitze mit Wasser anfeuchten und das Röllchen auf die Spitze legen, damit es sich nicht öffnet. Im Wok zweifingerhoch neutrales Erdnussöl erhitzen, die Röllchen mit der Spitze nach unten hineingleiten lassen – nicht zu viele auf einmal, damit die Temperatur nicht zu stark abkühlt. Golden ausbacken, dabei immer wieder wenden. Auf Küchenpapier abtropfen.

Dazu gibt's einen Dip aus Chilipaste oder Sambal Oelek (fertig gekauft) oder einen rasch angerührten Frühlingszwiebel-Sojasaucen-Dip (s. nächste Seite).

ZUTATEN

Für sechs Personen:

1 EL sehr fein gewürfelte Frühlingszwiebel
je 1 TL fein gewürfelter Ingwer und Chili
1/2 TL Zucker
5 EL Sojasauce

Frühlingszwiebel-Sojasaucen-Dip

Alle Zutaten miteinander verrühren und kurz ziehen lassen.

GETRÄNK

Entweder gibt es dazu einen Aperitif-Champagner oder einen kräftigen Sekt. Es passt jedoch auch ein kraftvoller Wein sehr gut dazu. Wir haben eine fast trockene Riesling Auslese aus dem fränkischen Weingut Wirsching dazu köstlich gefunden, einen Iphöfer Kronsberg, der mit seiner üppigen Fülle und grandiosen Breitschultrigkeit zu den intensiven asiatischen Gewürzen bestens passt.

Kokoseis mit Honigäpfeln

Wer eine Eismaschine hat, für den ist das Eis keine Mühe: Einfach die Zutaten einfüllen, den Rest erledigt sie. Ansonsten muss man die Masse, während sie gefriert, immer wieder mit einem Schneebesen durcharbeiten, damit die sich bildenden Eiskristalle zertrümmert werden und das Eis schön cremig wird. Die Honigäpfel schmecken aber notfalls auch pur, vielleicht mit einer Sauce aus pürierten Himbeeren.

1 Für das Eis Zucker und Wasser aufkochen und 1 Minute heftig sprudeln lassen. In diesen Sirup die Kokossahne rühren, abkühlen und schließlich in der Eismaschine gefrieren lassen.

2 Die Äpfel schälen, vierteln, das Kerngehäuse herausschneiden, die Viertel in 2 bis 3 Schnitze schneiden. Dabei mit Zitronensaft beträufeln, damit sie nicht braun werden.

3 Die Butter im Wok erhitzen, den Honig darin auflösen, Zitronengras und Zitronenschale sowie Chili zufügen. Die Apfelschnitze darin drehen, bis sie überall davon überzogen sind. 1 bis 2 Minuten ziehen lassen. Auf Desserttellern verteilen, jeweils eine Eiskugel daneben setzen und mit Zitronenmelisse oder Minze garnieren.

GETRÄNK

Ein reicher, edelsüßer Wein, etwa eine elegant-frische Riesling Beerenauslese aus der Spitzenlage Escherndorfer Lump vom Winzer Horst Sauer.

TIPP

Das Gleiche lässt sich auch mit Bananen machen – am besten schmecken die kleinen, daumenkurzen Bananen aus Thailand.

ZUTATEN

Für sechs Personen:

125 g Zucker
1/8 l Wasser
1 Dose Kokossahne (440 ml)

Honigäpfel:
3 reife Äpfel (Elstar)
1 EL Zitronensaft
2 EL Butter
3 EL Honig
1 TL fein gehacktes Zitronengras
1 TL fein gehackte Zitronenschale
etwas fein gehackte Chilischote, Minze- oder Melissenblättchen (wenn vorhanden)

Backen zum Advent

Backen zum Advent – Süßes für den bunten Teller

Die Vorweihnachtszeit ist da, jetzt wird wieder nach Herzenslust gebacken. Süße Düfte ziehen durchs Haus und wecken erste Vorfreude auf die Zeit, in der Erwachsene wieder gern zu Kindern werden, und man freut sich auf die Kaffee- oder Teestunde, wenn es schon früh dunkel wird.
Wir backen heute nicht nur zum Gleichessen, sondern auch für den bunten Nikolausteller. Da gibt es in jeder Familie die bevorzugten Plätzchen, die auf keinen Fall fehlen dürfen. Und dann sollten natürlich auch immer wieder neue Varianten hinzukommen. Wir haben mal in unserer Verwandtschaft nach den Lieblingsrezepten gefragt.

Berliner Brot

Die knusprigen Stänglein von Schwägerin Anne erinnern ein wenig an Printen, weil sie eine ähnliche Knusprigkeit aufweisen, sind aber wegen der ganzen Haselnüsse drin noch viel knackiger und wunderbar nussig.

ZUTATEN

Für 1 Backblech (ca. 90 Stück):

400 g Haselnusskerne
200 g Wasser
750 g dunkler Farinzucker
50 g Kuchenbrösel
700 g Mehl
1 EL Ammonium (Hirschhornsalz)
1 gehäufter TL gemahlene Nelken
1 EL Zimt

1 Die Haselnüsse auf einem Backblech verteilen und im 200 °C heißen Ofen ca. 8 bis 10 Minuten rösten. Auf ein Küchentuch schütten, gründlich damit abrubbeln; dabei löst sich ein Teil der Schale. (In Italien und Frankreich kann man geröstete Haselnüsse vakuumverpackt oder frisch kaufen – sie schmecken so viel intensiver!)

2 Inzwischen in einem großen Topf das Wasser aufkochen, die Nüsse zufügen und den Zucker. Den Topf vom Feuer ziehen, bevor die Brösel, das Mehl, das Ammonium sowie die Gewürze hinzugefügt werden. Mit einem großen Kochlöffel kräftig rühren – am besten bitten Sie einen starken Mann um Hilfe, denn die Masse ist sehr zäh und das Rühren kostet Kraft! Den Teig auf ein mit Backpapier oder mit Backfolie belegtes Blech geben und mit einer Palette, mit dem Nudelholz oder mit den angefeuchteten Händen verteilen. Schön glatt streichen, dann im 180 °C heißen Ofen (Heißluft) 20 Minuten backen.

3 Noch heiß in fingerschmale Streifen schneiden; das gelingt am besten mit einem elektrischen Messer.
Das Berliner Brot auskühlen und trocknen lassen. Dann am besten in Gefrierbeutel verpackt einfrieren. 2 bis 3 Stunden, bevor man es essen will, bei Zimmertemperatur auftauen lassen.

TIPP

Ammonium, auch Hirschhornsalz genannt, nimmt man als Lockerungsmittel für flache Gebäcke aus schweren Massen, wie Lebkuchen und Mürbeteig. Sie werden dadurch krumig. Es wird mit einigen Esslöffeln Wasser gelöst unter den Teig gearbeitet. Beim Backen zerfällt Ammonium in CO_2 und Ammoniak, welches auch für den typischen Geruch beziehungsweise Geschmack der Backwaren verantwortlich ist. Beim Backen entweicht das Ammoniak; je länger ein Gebäck ausgebacken wird, je trockener es also wird, desto geringer ist der verbleibende Rest.

ZUTATEN

Für ca. 90 Stück

375 g Mandeln
4 Eier
500 g Zucker
je 10 g Zimt, gemahlene Nelken und Muskatnuss
1 große Msp. Hirschhornsalz
500 g Mehl
125 g Zitronat, Orangeat, kandierte Kirschen oder andere Früchte

Außerdem:
1 Eigelb und
3 EL Sahne zum Bestreichen

Tante Klaras Mandeltaler

Wunderbar, diese Plätzchen mit vielen ganzen Mandeln drin. Die kandierten Früchte machen sie obendrein schön saftig – nach Belieben kann man auch eine bunte Mischung aus Zitronat, Orangeat und kandierten Kirschen dafür nehmen.

1 Die Mandeln mit kochendem Wasser überbrühen, einige Minuten quellen lassen, dann abgießen und kalt abschrecken. Jetzt lassen sich die Häute ganz einfach mit den Fingern abschnipsen.

2 Eier, Zucker, Gewürze, Treibmittel und Mehl auf der Arbeitsfläche gründlich verkneten, dabei auch die Mandeln sowie die fein gewürfelten kandierten Früchte unterkneten. Vier gleichmäßige Würste daraus formen (ca. 3 Zentimeter Durchmesser) und über Nacht kalt stellen. Jeweils in dünne Scheiben (etwa einen halben Zentimeter stark) schneiden, nebeneinander auf ein mit Backpapier oder -folie belegtes Blech setzen. Eigelb und Sahne glatt quirlen, die Plätzchen damit einpinseln.

3 Bei 180 °C Heißluft ca. 10 Minuten backen. Die Oberfläche ist dann goldgelb und die Plätzchen müssen sich leicht vom Blech lösen. Auskühlen lassen, dann in Blechdosen legen. Einen Apfelschnitz dazulegen. So bleiben die Mandeltaler mürbe.

Moritz' Nusshäufchen

Geradezu ein Konfekt – Cashews, Pistazien und Pinienkerne, auch Mandeln, Hasel- oder Walnüsse werden in Karamell gewendet, dann zu Häufchen geformt und auf Backpapier gesetzt. Sobald die Häufchen fest geworden sind, mit dem Fuß in geschmolzene Schokolade tauchen. Schmeckt unwiderstehlich gut. Auch ein hübsches Geschenk! Moritz' besonderer Kick: Er würzt den Karamell, der die Nüsse zusammenhält, mit Chili und Ingwer. Aber keine Angst, man kann Nusshäufchen natürlich auch ohne diese Gewürze machen!

1 Die Nüsse auf einem Blech verteilen und im 200 °C heißen Ofen ca. 8 bis 10 Minuten rösten, bis sie duften. Inzwischen den Zucker in einem Topf schmelzen (groß genug, dass er auch alle Nüsse aufnehmen kann!). Die Butter einrühren, auch die Gewürze. Schließlich die Nüsse darin wenden. Gründlich rühren, damit sie überall vom Karamell überzogen werden.

2 Das leere Blech zurück in den noch heißen Ofen schieben: Es muss heiß sein, wenn der gesamte Topfinhalt darauf gekippt wird. Und dann muss man sehr schnell arbeiten: Mit zwei Teelöffeln Häufchen abstechen und nebeneinander auf eine möglichst kalte Fläche setzen – am besten ist Marmor oder Granit, mit Öl eingepinselt, damit der Karamell nicht festklebt. Wer keine Steinplatte zur Verfügung hat, nimmt ein Backblech; wenn man dieses mit Alufolie bedeckt, kann man die Nusshäufchen anschließend noch leichter ablösen. Wird während dieser Arbeit der Karamell zu fest, das Blech einfach kurz zurück in den heißen Ofen schieben.

3 Die Nusshäufchen auskühlen und fest werden lassen. Unterdessen die Schokolade schmelzen. Die Nusshäufchen mit der Unterseite hineintauchen. Kopfüber auf ein Gitter oder wieder auf Folie setzen und fest werden lassen.

Die Nusshäufchen unbedingt kühl, in einer Blechdose verschlossen, aufbewahren, sonst wird der Karamell zäh.

ZUTATEN

Für ca. 50 Stück:

100 g Cashewkerne
100 g geschälte Mandeln
100 g ausgelöste Pistazien
100 g Pinienkerne
400 g Zucker
100 g Butter
je 1 TL feinst gewürfelter Ingwer und rote (frische) Chili

Außerdem:
1 EL Öl
250 g dunkle Schokolade
(70 % Kakaoanteil)

ZUTATEN

Für ca. 80 Stück:

300 g Mehl
80 g Zucker
1 Tütchen Vanillezucker
150 g geschälte, geriebene Mandeln
250 g weiche Butter

Außerdem:
250 g Puderzucker
1 Vanilleschote oder
2-3 Tütchen Vanillezucker

Martinas Vanillekipferl

Wir behaupten einfach keck: Es sind die besten der Welt! Sie zergehen auf der Zunge und sind so mürbe, dass man ganz verblüfft ist, wenn man zum ersten Mal eins davon in den Mund steckt. Das Geheimnis: kein Ei – und das ist kein Druckfehler! Das macht die Verarbeitung des Teigs vielleicht ein bisschen schwieriger, aber es lohnt sich!

1 Mehl, Butter, Vanillezucker und Mandelmehl mit kühlen Händen zu einem geschmeidigen Teig kneten. Zu Rollen formen, die etwa 3 zentimeter Durchmesser haben. Kalt stellen, bis der Teig fest geworden, aber noch formbar ist. Zentimeterstarke Scheiben von den Teigrollen abschneiden und Hörnchen daraus formen. Auf mit Backpapier oder -folie belegte Bleche setzen, bei 160 °C (Heißluft) etwa 18 bis 20 Minuten backen; die Kipferl sollen blass bleiben.

2 Noch heiß in vanillisiertem Puderzucker wälzen, bis sie dick davon überzogen sind. Achtung: Die Kipferl sind sehr empfindlich und brechen leicht! Gut auskühlen lassen. Dann in Blechdosen legen, damit sie knusprig und mürbe bleiben.

GETRÄNK

Natürlich, ganz klar – Kaffee oder Tee! Ansonsten passt zum weihnachtlichen Gebäck auch ein Gläschen süßer Wein, entweder ein Moscato, ein Vino Passito aus Italien, ein Strohwein, eine Beerenauslese (die kann aus Sauternes, vom Neusiedler See oder aus Deutschland kommen) oder ein Gläschen Likör. Und manche mögen sogar Glühwein dazu.

TIPP

Vanilleschoten sind teuer, deshalb sollte man sie mehrfach nutzen. Wenn man das Mark aus dem Inneren herausgekratzt hat, steckt noch immer eine Menge Duft und Aroma drin. Deshalb nicht wegwerfen, sondern zusammen mit Zucker in ein Glas oder eine gut schließende Dose füllen. Übrigens kann man auch die in Stücke geschnittene ganze Schote mit Zucker fein mixen, um Vanillezucker herzustellen.

Thaiduftende Pfeffermakronen

Natürlich eine Erfindung von uns, ein Experiment, das uns sehr gut geschmeckt hat und wirklich pfiffig ist: Die Grundmasse aus Baiser (also Eiweiß mit Zucker steif geschlagen) wird nicht nur mit gehackten Walnüssen und Kokosflocken vermischt, sondern zusätzlich noch mit Thaibasilikum, Chili und etwas Ingwer sowie grünem Pfeffer – also endlich mal wirkliches Pfeffergebäck! Aber bitte unbedingt frischen grünen Pfeffer verwenden, keinen in Lake eingelegten – der würde mit der Säure der Lake alles verderben. Um dem Kind einen Namen zu geben, haben wir Vit, unseren thailändischen Freund, um Rat gefragt: Nach langem Überlegen kam er auf Miang Farang, das bedeutet »was zum Knabbern, von Ausländern erfunden«.

ZUTATEN

Für 45 Stück:

3 Eiweiß
1 Prise Salz
125 g Zucker
125 g Kokosflocken
125 g grob gehackte Walnüsse
1 Hand voll Thaibasilikumblätter
2 EL grüne Pfefferbeeren
1 TL feinst gewürfelter Ingwer
etwas fein gewürfelte rote und grüne Chilischote
je einige Tropfen thailändische Fischsauce und Zitronensaft

1 Die Eiweiß mit der Salzprise steif schlagen, dabei langsam den Zucker hinzurieseln lassen. Langsam schlagen, insgesamt gut 15 Minuten (!). Erst wenn der Schnee schön dicht wie Salbe geworden ist, für die letzten 5 Minuten die Geschwindigkeit erhöhen. Schließlich Kokosflocken, Nüsse, sehr fein gehacktes Basilikum, die ganzen Pfefferbeeren sowie Ingwer und Chili, Fischsauce und Zitronensaft unterziehen – entweder per Intervallschaltung der Küchenmaschine oder per Hand. Mit einem Teelöffel Häufchen auf Backpapier, -folie oder auch Backoblaten setzen. Bei 180 °C (Heißluft) ca. 10 Minuten backen, dann auf 150 °C herunterschalten und weitere 10 Minuten backen. Die Pfeffermakronen sollen schön weiß bleiben und lieber nicht ganz durchbacken, sondern noch ein wenig weich im Inneren sein.

2 Etwas trocknen lassen, dann in gut schließende Dosen verpacken – in jedem Fall getrennt von anderen Sorten.
Zu diesen Pfeffernüssen schmeckt nicht nur Tee; Moritz genießt dazu sogar ein kühles Pils.

Unser Festmenü

Vier Gänge, die Lust, viel Eindruck und erfreulich wenig Mühe machen

Wie sieht das ideale Weihnachtsfestmenü aus? Natürlich: Etwas Besonderes soll es sein, etwas, das man sich nicht alle Tage gönnt. Aber dennoch möglichst nicht zu aufwändig, damit man – bei aller Liebe zum Kochen – nicht wieder ewig in der Küche stehen muss. Auch sollte sich alles gut vorbereiten lassen und man sollte alles auch dann noch gut managen können, wenn es eine große Gästerunde ist. Also die Quadratur des Kreises?

Nicht ganz: Wir haben uns diesmal für ein großes Bratenstück entschieden, das man wirklich nicht oft im Ofen hat – nicht nur, weil es Zeit braucht, sondern auch, weil es bei dieser Menge eben eine größere Runde sein sollte. Denn ein kleiner Braten ist sozusagen ein Widerspruch in sich: Je größer, umso saftiger wird er und desto zarter gerät das Fleisch. Macht übrigens nichts, wenn davon was übrig bleibt – ganz im Gegenteil! Nicht umsonst hat man früher bewusst auf Reste gesetzt, um neue Gerichte zu kreieren. Auf der Aufschnittmaschine dünn geschnitten schmeckt das Bratenstück zudem nicht nur auf dem Butterbrot.

Man kann mit kaltem Bratenfleisch auch eine ganze Reihe pfiffiger Mahlzeiten zubereiten: auf dem Teller drapieren und mit einer oder auch mehreren Saucen und Dips beklecksen; mit einem Dip füllen, aufrollen und auf einem Bett von Salatblättern anrichten. Oder mit gewürfelten Gürkchen, Kapern und eventuell Scheiben von gekochten Möhren in einer Kastenform übereinander schichten und mit einer kräftig gewürzten und gut gesäuerten Brühe bedecken, die mit Gelatine gestützt wird. Auf diese Weise entsteht eine fabelhafte Sülze – genau das Richtige nach den Völlereien an den Feiertagen.

Gebackene Fischstreifen auf buntem Salat

Statt des traditionellen Karpfens blau, der ja nicht jedermanns Sache ist, nehmen wir für unsere elegante Vorspeise einfach ein hübsches Stück Fischfilet (das kann vom Karpfen sein oder vom Zander, ruhig sogar einfach vom Seelachs), das in einer knusprigen Teighülle auf einem bunten Bett von Salatblättern liegt; dazu eine würzige Kapernsauce – das ist eine erfrischende, belebende und zugleich ansehnliche Vorspeise, wie man sie sich zu einem Festmenü wünscht. Und wenn einer am Tisch partout keinen Fisch mag, dann legen wir dem stattdessen einfach ein paar Scheibchen gepökelte Kalbszunge oder Roastbeef auf seinen Salat.

1 Den Fisch in etwa 3 Zentimeter lange Streifen schneiden. Mit Salz, Pfeffer und Zitronenschale würzen. Aus Eiern, Salz, Pfeffer, Mehl, Bier (wer mag, kann auch Wein nehmen) und Olivenöl einen Teig anrühren. Etwa 20 Minuten quellen lassen. Erst dann das Backpulver unterrühren (das ist wichtig, damit es nicht vorzeitig seine ganze Treibkraft verliert). Die Fischstreifen nache nander in den Teig tauchen, diesen etwas abtropfen lassen, dann erst die Streifen einzeln im heißen Öl schwimmend golden ausbacken. Das Öl ist heiß genug, wenn sich an einem eingetauchten Kochlöffelstiel heftig

ZUTATEN

Für vier bis sechs Personen:

ca. 500 g Fischfilet (Zander, Karpfen, Viktoriabarsch)
Salz, Pfeffer
abgeriebene Zitronenschale
Öl zum Frittieren

Ausbackteig:
2 Eier
Salz, Pfeffer
150 g Mehl
¼ l Bier
1 EL Olivenöl
½ TL Backpulver

Salat:
Je eine gute Hand voll Feldsalatröschen, Radicchio, Frisée, Eichblattsalat, evtl. ein paar Radieschen in Scheiben

Vinaigrette:
½ TL Salz
3-4 EL guter Essig (Wein-, Apfel- oder Sherryessig)
4 EL Olivenöl
Pfeffer
1 TL scharfer Senf
1 Msp. Honig

Kapernsauce:
2 Eier
1 EL Senf
5 EL Olivenöl
100 g saure Sahne
1 Schalotte
2-3 Gürkchen
3-4 EL kleine Kapern
Petersilie, Schnittlauch
1-2 EL Essig
1 TL rosa Pfefferbeeren

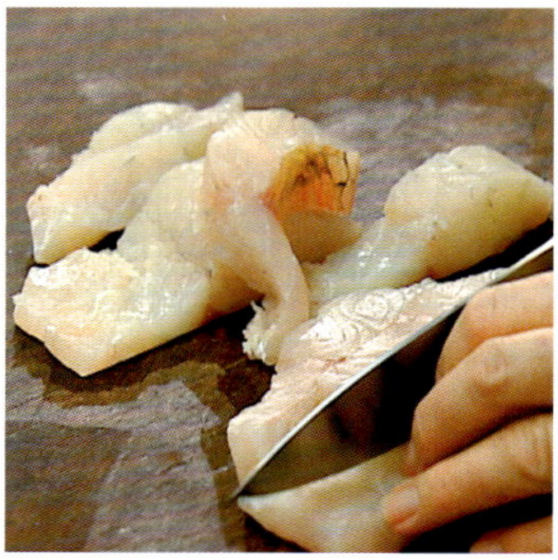

Bläschen kräuseln. Die goldenen Fischbeignets auf Küchenpapier gut abtropfen. Unterdessen die Salatblätter zerzupfen, mehrmals gründlich waschen und gut abtropfen. Aus den angegebenen Zutaten eine Vinaigrette rühren.

2 Auch die Kapernsauce fertig stellen: Die Eier in 8 bis 9 Minuten nicht ganz hart kochen. Dann das Eigelb auslösen, mit einer Gabel in einer Schüssel zerdrücken, den Senf und dann das Öl langsam zufügen und so lange unterrühren, bis eine mayonnaisenartige Sauce entstanden ist. Saure Sahne und die würzenden Zutaten unterrühren: feinst gewürfelte Schalotte, Gürkchen, Kapern und Kräuter. Die Sauce noch mit Salz, Essig und/oder Zitronensaft abschmecken und die rosa Pfefferbeeren zufügen.

3 Zum Servieren die Salatblätter mit der Vinaigrette anmachen und als Häufchen in die Mitte der Vorspeisenteller setzen. Darauf oder daneben die knusprigen Zanderstreifen setzen. Mit etwas Kapernsauce dekorativ umklecksen. Die restliche Kapernsauce getrennt dazu reichen. Außerdem natürlich knuspriges Weißbrot (Baguette).

GETRÄNK

Ein kraftvoller säurefrischer Weißwein, etwa ein Riesling aus der Pfalz oder von der Nahe.

Selleriecremesuppe

Sie wartet fix und fertig im Kühlschrank, denn man kann sie bestens bereits am Vortag zubereiten. Dies gilt auch für die Blutwursttäschchen für die Einlage: Wir nehmen fertige Wan-Tan-Teighüllen aus dem Asialaden, so hat man nahezu keine Mühe. Die Täschchen können unter Folie im Kühlschrank warten, bis man sie kurz vor dem Servieren in Salzwasser pochiert und dann in der aufgekochten, nochmals aufgemixten Selleriecremesuppe anrichtet und serviert. Übrigens eine hübsche Variante, wenn es nicht bereits Frittiertes wie den Fisch als Vorspeise gibt: Man kann diese Täschchen auch wunderbar in Öl schwimmend golden ausbacken – sie sind dann herrlich knusprig!

1 Sellerie putzen, schälen und in grobe Stücke schneiden. Zusammen mit gewürfelter Zwiebel, etwas Knoblauch und der Chilischote in der Butter andünsten. Die grob gewürfelten Kartoffeln zufügen. Salzen, pfeffern. Wasser oder Brühe auffüllen, alles zugedeckt etwa 25 Minuten absolut weich kochen – das geht im Schnellkochtopf

ZUTATEN

Für vier bis sechs Personen:

ca. 500 g Knollensellerie
1 Zwiebel
2-3 Knoblauchzehen
1 Chilischote (frisch oder getrocknet)
2 EL Butter
1-2 Kartoffeln (ca. 200 g)
Salz, Pfeffer
¾ l Wasser oder Gemüsebrühe
100 ml Sahne
Zitronensaft
Worcestershire-Sauce

Blutwursttäschchen:
8-12 Wan-Tan-Hüllen
1 Eiweiß
100 g Blutwurst (aus dem Glas oder angeräuchert am Stück)
1 EL Senf
Schnittlauch

Paprikaöl:
1 EL milder Delikatesspaprika
3-4 EL Olivenöl

sogar in 12 bis 15 Minuten. Alles durch eine Gemüsemühle passieren oder mit dem Mixstab pürieren. Sahne angießen und noch wenige Minuten leise köcheln. Die Suppe mit Zitronensaft und einem kleinen Spritzer Worcestershire-Sauce abschmecken. Eventuell mit einem Schuss Brühe auf die gewünschte Konsistenz bringen.

2 Für die Blutwursttäschchen die Wan-Tan-Hüllen vorsichtig voneinander lösen, ohne dass sie reißen. Mit Eiweiß einpinseln, jeweils eine Scheibe Blutwurst auf einen Eckzipfel betten, mit Senf würzen und Schnittlauchröllchen darauf verteilen. Die Teighüllen zu einem Dreieck zusammenklappen und rundum gut zusammendrücken. Kurz vor dem Servieren in Salzwasser 3 bis 5 Minuten gar ziehen lassen. Für das Paprikaöl das Pulver im heißen Olivenöl kurz ziehen lassen – es darf aber auf keinen Fall zu heiß werden, weil es sonst verbrennt und bitter wird. In einem Schraubglas lässt sich das Paprikaöl gut aufbewahren – so hat man es immer für dekorative und aromatische Kleckse auf hellen Suppen oder Saucen parat.

3 Die Suppe vor dem Einfüllen abschmecken, mit dem Mixstab nochmals schön schaumig aufschlagen. In tiefen Tellern anrichten, die gesottenen Blutwursttäschchen in der Mitte versenken – sie sollten noch ein bisschen herausschauen. Mit einem dünnen Faden von Paprikaöl dekorative Kleckse und Linien ziehen.

GETRÄNK

Zur Suppe trinkt man doch eigentlich nichts – aber vielleicht hat man ja noch ein wenig vom vorhergehenden Wein übrig.

ZUTATEN

Für sechs Personen:

ca. 2 kg Schweinebraten (vom Hals oder auch aus der Schulter)
2-3 EL Olivenöl
2 Zwiebeln
evtl. etwas Knoblauch
¾ l trockener, säurebetonter Weißwein

Für die Gewürzmischung:
2 EL Kümmel
1 EL Pfefferkörner
3-4 Pimentkörner
4 Wacholderbeeren
evtl. 1 kleine getrocknete Chilischote
1 EL Majoran
1 gehäufter TL Salz
½ TL Rohrzucker

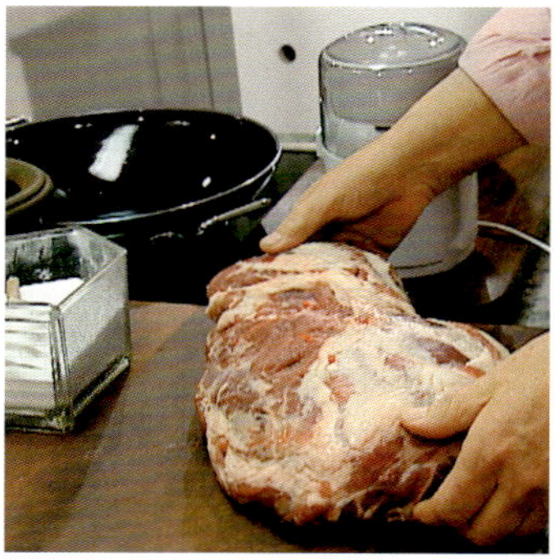

Glasierter Schweinebraten

Selbst das Hauptgericht bringt uns am Festtag nicht aus der Ruhe, weil praktisch alles vorbereitet ist: Ein schönes Stück Schweinebraten vom Hals, also ein Bratenstück, das garantiert saftig ist. Als Beilage gibt's Wurzeln, und zwar kunterbunt gemischt: Möhre, Pastinake, Lauch, Sellerie, in Stifte oder Streifen gehobelt und im Ofen sanft geschmort, unter die zum Schluss kleine Pellkartöffelchen gemischt werden.

1 Den Schweinebraten rundum abtupfen. Aus den Gewürzen im Mörser oder in der Moulinette (elektrischer Zerhacker) ein Würzsalz mixen. Das Fleisch damit fest einreiben, dabei auch gleichzeitig das Öl einmassieren, so haftet die Gewürzmischung besser. Das Fleischstück in einen passenden Bräter setzen, gewürfelte Zwiebeln und zerdrückten Knoblauch drum herum streuen. Im 170 °C heißen Ofen etwa eine Stunde braten.

2 In der Zwischenzeit das Gemüse vorbereiten: Alle Wurzeln schälen, von Hand oder mit dem Gemüsehobel längs in kleinfingerdicke Streifen schneiden. Je eine Hand voll Abschnitte davon beiseite legen. Die Kartoffeln (möglichst gleich große Exemplare nehmen, etwa von der Größe einer Walnuss) mit der Schale gar kochen.

3 Nach einer Stunde die Abschnitte der Wurzelgemüse rund um den Braten verteilen. Den Wein angießen. Den Bräter zurück in den Ofen schieben, die Hitze auf 150 °C herunterschalten. Das Fleisch jetzt noch etwa eineinhalb Stunden braten. Dabei immer wieder mit Bratenjus beschöpfen. Die letzte halbe Stunde immer wieder mit der Glasur einpinseln: dafür Essig, Balsamico und Honig verrühren (falls der Honig fest ist, zuvor erwärmen).

4 Die beiseite gelegten Gemüse für die Beilage in einem flachen Schmortopf in etwas Olivenöl andünsten, salzen und pfeffern. Zugedeckt im Backofen – am besten auf der Schiene über dem Fleisch – eine gute Stunde schmurgeln lassen. Gegen Schluss die Kartöffelchen pellen und untermischen. Alles mit Muskat abschmecken und die fein gehackte Petersilie unterschwenken. Wenn Sie übrigens keine glatte bekommen, können Sie auch auf krause ausweichen; diese hat allerdings nicht das intensive, leicht an Schnittsellerie anklingende Aroma.

ANRICHTEN

Das Gemüse auf einer Seite der vorgewärmten Platte aufhäufen, daneben das in dünne Scheiben geschnittene Fleisch legen.
Die Sauce in einer Sauciere getrennt dazu reichen. Sie ist ganz leicht gemacht und schmeckt herrlich intensiv: Das Wurzelgemüse und den ganzen Jus aus der Bratenreine durch die Gemüsemühle oder ein Sieb passieren. Setzt sich viel Fett oben ab, dieses mit einer Kelle abschöpfen. Dann die Sauce nur noch aufkochen lassen, mit dem Pürierstab aufmixen, bis das Fett sie bindet, und abschmecken.

GETRÄNK

Ein eleganter, aber kräftiger Spätburgunder Rotwein, der durchaus im Holzfass ausgebaut sein darf – aus Burgund, der Schweiz (die in den letzten Jahren mit immer besseren Pinot-Noir-Weinen überrascht hat) oder aus Deutschland: An Ahr und sogar Mosel und Nahe, in Rheinhessen und in der Pfalz, in Franken, Württemberg und vor allem in Baden keltern viele Winzer sowie Genossenschaften inzwischen international anerkannte Spitzenweine aus den Rebsorten Früh- und Spätburgunder. Wir haben die Selection von Franz Keller, Schwarzer Adler Oberbergen gewählt.

Für die Glasur:
2-3 EL Apfelessig,
1 EL Balsamico
1 EL Honig

Außerdem:
1 Sellerieknolle
3-4 Möhren
2 Lauchstangen
1 Pastinake
2 Petersilienwurzeln
1 Zwiebel
3-4 Knoblauchzehen
1 kg festkochende Kartoffeln (möglichst kleine, gleich große)
2 EL Olivenöl
Muskatnuss
1 Bund glatte Petersilie

TIPP

Der Braten lässt sich besser aufschneiden, wenn er eine Weile hat ruhen dürfen. Ideal ist sogar, wenn man ihn schon zwei Stunden früher ansetzt. Dann hat er Zeit, neben dem Herd auszukühlen, und wird rechtzeitig vor dem Servieren nochmals für 15 bis 20 Minuten in den heißen Ofen geschoben.

ZUTATEN

Für sechs Personen:

½ l Weißwein
Saft und Schale einer halben Zitrone
120 g Zucker
½ Zimtstange
2 Nelken
1 Sternanis
5 säuerliche, knackige Äpfel (Schweizer Glockenäpfel, Elstar oder Golden Delicious)
je 30 g Mandelstifte, Pistazienkerne, Walnusskerne und Rosinen
3 Blatt Gelatine
200 ml Schlagsahne
1 TL Zucker
evtl 1 Prise Zimtpulver

Geliertes Apfelkompott

Dieses Dessert sollte man unbedingt bereits zwei Tage vorher herstellen, damit es schön durchkühlen und fest werden kann: Es sieht bildschön aus, ist leicht und erfrischend – es belastet also nicht, so dass man noch mit gutem Gewissen dem bunten Plätzchenteller zusprechen kann.

1 Einen Sud kochen aus Weißwein, Zitronensaft, Zitronenschale und Zucker, Zimtstange, Nelken und Sternanis darin ziehen lassen. Die Äpfel schälen, vierteln oder sogar sechsteln und entkernen. In diesem Sud etwa 5 Minuten sanft gar ziehen lassen. Nüsse und Rosinen zufügen und alles über Nacht kalt stellen.

2 Am nächsten Tag eine Kastenform (750 ml Inhalt, etwa 20 mal 9 mal 6 Zentimeter) mit Klarsichtfolie auskleiden. Die Apfelstücke hineinschichten, dabei die Nüsse und Rosinen gleichmäßig und vor allem auch dekorativ dazwischen verteilen. Den Sud schließlich durch ein Sieb filtern, ca. 150 ml davon abmessen, erwärmen und die eingeweichte Gelatine darin auflösen.

3 Über die Äpfel gießen, darauf achten, dass sie gerade eben bedeckt sind und der Saft auch zwischen die Stücke läuft. Mit Folie zudecken und über Nacht im Kühlschrank fest werden lassen.

TIPP

Zum Aufschneiden ist ein elektrisches Messer besonders gut geeignet, ansonsten sollte das Messer zumindest frisch geschärft sein. Damit die fragile Scheibe beim Transport zum Teller nicht auseinander fällt, sollte man sie unbedingt beim Schneiden mit einem Teigkärtchen abstützen, damit auffangen und auf den Teller legen.

4 Zum Servieren wird die Sülze aus der Form gestürzt, in Scheiben geschnitten und auf Tellern angerichtet. Mit Klecksen von gesüßter Schlagsahne (die nach Belieben noch mit Zimt gewürzt ist) garnieren, Krümel von Pistazien darüber streuen.

Übrigens: Die Apfelsorte Golden Delicious leidet seit langem unter dem Ruf, eine langweilige Neuzucht zu sein. Völlig falsch! Die Sorte stammt aus dem 19. Jahrhundert und schmeckt ausgezeichnet, wenn sie am richtigen Ort wächst (und zwar nicht in südlichen Gegenden, wo sie zwar gut gedeiht, mangels kalter Nächte im Herbst aber keine fruchtigen Säuren ausbildet). Auch sollte sie vollreif und wirklich golden ausgefärbt geerntet werden und nicht grün, wie das die deutschen Händler leider verlangen, um ihrer in Rot erstrahlenden Apfelfarbenpalette einen Anstrich von Frische zu geben.

GETRÄNK

Dazu passt etwas Prickelndes, entweder ein süßer Moscato d'Asti (den man in einer flachen Sektschale serviert, in der sein Parfum am besten zur Geltung kommt) oder ein absolut trockener Champagner (der sich am schönsten in einer Sekttulpe präsentiert).

Register

Beilagen
Couscous 50
Gedünstete Pilze 146
Grünes Kartoffelpüree (mit Rucola) 71
Gurkengemüse 139
Kartoffelpüree 20
Kerbeltomaten 112
Linsengemüse 172
Pommes frites 121
Pfannkuchen (zum Füllen) 147
Spinatstriewla (Spätzle) 32

Desserts
Basilikumeiscreme 123
Erdbeerknödel 88
Erdbeersahne 84
Gedeckte Apfeltarte 172
Geliertes Apfelkompott 206
Joghurteis mit Erdbeer-Mango-Salat 83
Kokoseis mit Honigäpfeln 189
Marinierte Erdbeeren 82
Zitronencreme 36

Eier
Herbsttrompeten in Rahmsauce
mit gekochten Eiern 154
pochierte 73
Rührei mit Pilzen 155
Tortilla mit Kartoffeln und Rucola 77
verlorene 150
Warenkunde 148f.

Eingemachtes & Konfitüre
Cornichons 132
Erdbeerkonfitüre mit Rosmarinduft 88
Gewürzgurken 132
Salzgurken 130
Senfgurken 134
Warenkunde Konfitüre 87

Fisch
Gebackene Fischstreifen
auf buntem Salat 201
Kabeljau mit Estragon 113
Sauerkrautcremesuppe mit Heilbutt 26

Fleisch
s. auch *Wokgerichte*
Farsu Magru 46
Fleischknödel mit Kraut 20
Gedämpfte Hackfleischbällchen 186
Glasierter Schweinebraten 204
Lammschmorbraten 50
Leberknödel 110
Paprikafleisch mit Sauerkraut 18
Reispapierpäckchen mit Sauerkraut,
Blut- & Leberwurst 24
Rinderschmorbraten 48
Schinkenschmorbraten 52
Steirisches Majoranschöpsernes
(Lamm) 108

Gebäck & Brot
Berliner Brot 192
Brioche 59
Erdbeerschnitten 85
Hefezopf 59
Italienisches Brot 162
Martinas Vanillekipferl 196
Mohnkrapfen 58
Moritz' Nusshäufchen 195
Schokotörtchen 63
Tante Klaras Mandeltaler 194
Thaiduftende Pfeffermakronen 197
Zitronentörtchen 61

Kartoffeln
Gurkencreme mit Matjes
& Pellkartoffeln 137
Kartoffelpüree 20
Österreichischer Kartoffelsalat 138
Pommes frites 121
Reizker mit Kartoffeln 153
Tortilla mit Rucola 77

Käse
Flambierter Munsterkäse 35
Gesottener Fenchel
mit Scamorza-Käse 168
Gourmetsalat mit Mozzarella 75
Warenkunde Italienischer Käse 164f.

Nudeln
Maccaroni-Auflauf
mit Erbsen & Schinken 96
Pasta mit herzhafter Bratwurstsauce 170
Spaghetti mit duftender Sauce
(Basilikum) 119
Spaghetti mit Rauke 69
Zucchini-Pasta 134

Salate
Gourmetsalat mit Mozzarella 75
Gourmetsalat mit Roastbeef 72
Gourmetsalat mit Speck, pochiertem Ei
& Knoblauchcroutons 73
Österreichischer Kartoffelsalat 138
Sauerkrautsalat 24
Steinpilz-Salat 151

Saucen & Dips
Frühlingszwiebel-Dip 136
Frühlingszwiebel-Sojasaucen-Dip 188
Gurkencreme 137
Pilzpaste 155
Provenzalische Basilikumsauce 120
Rucolabutter 70
Sauce Béarnaise 112
Tomaten-Hollandaise 95

Suppen
Feines Erbsencremesüppchen 94
Kerbelsuppe 111
Leberknödel (Einlage) 110
Pfifferlingssuppe 150
Sauerkrautcremesuppe mit Heilbutt 26
Selleriecremesuppe 202
Sommerliche Gemüsesuppe 122

Vorspeisen & Aperitifhappen
Erbsenkrapfen 95
Fritelle mit Rucola 76
Frühlingsrollen 187
Gebackene Curry-Erbsen 95
Gebackene Fischstreifen
auf buntem Salat 201
Gefüllte Zucchiniblüten 140
Gesottener Fenchel
mit Scamorza-Käse 168
Grüne Bohnen mit Tomatenwürfeln
& Frischkäse 169
Melone mit Schinken 169
Schneckentöpfchen mit Ei 34
Steinpilze en cocotte 152
Tortilla mit Kartoffeln und Rucola 77
Zucchinigemüse 141
Zucchiniküchlein
mit Frühlingszwiebel-Dip 136

Warenkunde & Wissenswertes
Basilikum 116ff.
Butter & Butterschmalz 98f.
Crème fraîche 38f.
Eier 148f.
Erbsen 92f.
Erdbeeren 80f.
Estragon 106f.
Fleisch schmoren 43
Gurken 126ff.
Italienischer Käse 164f.
Italienischer Wein 166f.
Kerbel 106
Kräuter 104ff.
Majoran 105
Mehl 56f.
Olivenöl 159ff.
Pfeffer 44f.
Rauke 66ff.
Sahne 38f.
Salz 22f.
Sauerkraut 12ff.
Steinpilze 151
Waldpilze 144f.
Wok 176ff.
Zucchini 126ff.
Zucker 86f.

Wild & Geflügel
s. auch *Wokgerichte*
Gefüllte Hühnerbrust mit Linsen 171
Kaninchen in Rieslingrahm 30

Wokgerichte
Fried Rice 182
Hähnchenbrust mit Zucchini 184
Kaiserschoten aus dem Wok 100
Reis Grundrezept 182
Zürcher Geschnetzeltes
mit Champignons 185